KiWi

Paperback

KiWi
726

Über das Buch:

Sir Peter ist wieder unterwegs – und berichtet von seinen Erlebnissen und Begegnungen in Australien, Indien, Thailand, Südafrika, Kanada, in den USA, in Russland, Italien, in der Schweiz, in Deutschland und Österreich. »Planen Sie einen gewaltsamen Sturz der amerikanischen Regierung«, wird er bei der Ankunft in New York gefragt: »Von dieser Frage fühlte ich mich stets geehrt, da ich nicht einmal wüsste, wie ich das anstellen sollte.« In Bombay staunt er über einen Heiratsvermittler, der sich auf schwierige Fälle spezialisiert hat: »Jeder Defekt willkommen«, steht auf dessen Visitenkarte. Und in Rom hält er eine Rede aus Anlass der feierlichen Wiedereröffnung der einst unter Kaiser Nero erbauten Villa Aurea – »Quo vadis?« wurde zuvor auf einer riesigen Leinwand auf der Piazza del Popolo aufgeführt: »Zuallererst entschuldigte ich mein mittelmäßiges Italienisch mit der Ausrede, dass meine Muttersprache Latein sei.« Doch der Weltbürger, inzwischen 81 Jahre alt, hat auch rückschrittliches Denken, Rassismus und die skandalösen Verletzungen der Menschenrechte auf diesem Planeten im Auge. »Alles wird verhandelbar, sogar Prinzipien«, stellt Sir Peter fest und insistiert umso entschiedener auf die Grundsätze der Menschlichkeit – »Dass alle Religionen sich zur universellen Liebe bekennen, ist ein Beweis für bewunderungswürdiges Teamwork.«

Über den Autor:

Sir Peter Ustinov, 1921 in London geboren, Schauspieler, Dramatiker, Erzähler, Zeichner, Regisseur und vieles mehr, mit zwei Oscars ausgezeichnet (für seine Rollen in »Spartacus« und »Topkapi«), Mitglied der Académie des Beaux Arts, Unicef-Botschafter, Rektor der Universität Durham, lebt in der Nähe von Genf. Peter Ustinov hat Romane, Erzählungen, eine Autobiographie und mehr als zwanzig Theaterstücke geschrieben.

Weitere Titel bei K & W:

Monsieur René, Roman, 1998. *Die endlose Reise*, KiWi 516, 1998. *Ustinovs kleines Welttheater*, KiWi 558, 1999. *Die Heirat und andere Komödien*, 2000. *Karneval der Tiere. Des Esels Schatten*, KiWi 622, 2001.

Peter Ustinov

Die Reise geht weiter

Neue Geschichten von unterwegs

Kiepenheuer & Witsch

2. Auflage 2002

Die in diesem Band versammelten Texte erschienen zuerst
im »Kurier«, Wien, und wurden von Daniela Beuren
und Susanne Ofner aus dem Englischen übertragen;
»Die Achse des Vorurteils« hat Hermann Kusterer übersetzt.

Umschlaggestaltung: Barbara Thoben, Köln
Umschlagfoto: © defd-Movies
Gesetzt aus der Garamond Stempel (Berthold)
Satz: Kalle Giese, Overath
Druck und Bindearbeiten: Clausen & Bosse, Leck
ISBN 3-462-03175-9

Inhalt

Europas Schuld und Chance

Meine Reisen haben mich weit weg von Europa geführt. Und dennoch: Gerade meine Abwesenheit hat mir einen gewissen Code europäischen Benehmens verstärkt ins Bewusstsein gerufen. Unter normalen Bedingungen herrscht in Europa ein Respekt für den Wert des Lebens, der anderswo nicht selbstverständlich ist.

Das war nicht immer so. Ein Besuch der verfallenen Strafkolonie auf Tasmanien etwa gibt sofort eine Ahnung der geistigen und körperlichen Verzweiflung, die hier geherrscht haben muss. Vor nicht viel mehr als einem Jahrhundert wurden Menschen, die relativ harmlose Vergehen begangen hatten, und politische Gefangene auf diesen schäbigen Außenposten des britischen Empire verbannt. Und obwohl man sie im fernen Australien wie Untermenschen behandelte, kam die Idee für die Grausamkeit aus Europa. Richter, die ihren Kindern ideale Väter gewesen sein mögen, zögerten nicht, Kinder aus niedrigen sozialen Schichten zum Tod durch Erhängen zu verurteilen, weil sie das verständliche Verbrechen begangen hatten, eine Geldbörse zu stehlen.

Europa, in all seiner großen Kultur und Schönheit, hat überhaupt eine Menge zu verantworten, wenn es um die traurige Liste der Unmenschlichkeit geht. Das aufgeblasene Ritual einer Gerichtsverhandlung, vor Jahrhunderten erfunden, um Unschuldigen wie Schuldigen unter den Analphabeten, die den Großteil der vor Gericht Gestellten ausmachten, Furcht einzuflößen, wird immer noch praktiziert, in einer Welt, die sich fundamental gewandelt hat. Selbstverständlich existieren Mord und Gewalt nach wie vor überall, aber das verkleinert in keiner Weise den Horror von Tausenden, die auf ihre Hinrichtung warten.

Nehmen wir das Schicksal der beiden englischen Krankenschwestern, die in Saudi-Arabien des Mordes beschuldigt und nun verurteilt wurden – eine von ihnen zum Tod durch Enthauptung oder Steinigung, die andere zu acht Jahren Gefängnis und 500 Stockhieben. Ihren Anwälten wurde nicht erlaubt, sie zu sehen, und sie wurden gerade einmal über die Entscheidung des Gerichtes informiert. In welchem Jahrhundert leben wir? In Algerien verbreiten Morde die Botschaft fundamentalistischer Frömmigkeit in einer höchst kontroversen Art. Ein praktisch denkender amerikanischer Senator hat ein elektrisches Sofa patentiert, das es möglich macht, gleich drei Verurteilte auf einmal zu exekutieren. Es gibt kein Ende des Einfallsreichtums derer, für die die Welt entweder stillsteht oder kaum merklich in den Ur-Sumpf zurückrutscht. Europa wird für diese letzten Fälle keine Schuld übernehmen, ebenso wenig wie für eine Variante auf den Fidschi-Inseln, die mit der Zeit fast charmant geworden ist. Ein Hubschrauber brachte mich unlängst zu dem abgelegenen Dorf, in dem im letzten Jahrhundert der letzte methodistische Missionar aufgegessen worden war. Da man mir erklärt hatte, dass die Dorfbewohner bei diesem Thema besonders sensibel seien, näherte ich mich ihm in einer Weise, die ich für schlau hielt. »Ihr Dorf«, sagte ich, »genießt einen ziemlichen Ruf für seine Gastronomie.« – »Ja«, erwiderte der Häuptling finster, »es war mein Urgroßvater, der ihn gegessen hat.«

Nur für den Fall, dass Sie denken, ich sei von der finsteren Seite des Lebens besessen, lassen Sie mich sagen, dass die beispiellose Einigung zwischen der neuseeländischen Regierung und der Maori-Minderheit ein schlagender Beweis unerwarteter Vornehmheit ist. Die Regierung zahlt nicht nur große Entschädigungen, sondern hat sich auch für den Raub entschuldigt, der trotz eines Abkommens aus dem Jahr 1841 an den Maori begangen wurde.

Niemand, der vor langer Zeit dieses Photo im Life-Magazin gesehen hat, wird den Ausdruck der Lieblichkeit auf dem Gesicht eines Bewohners des Amazonas vergessen, der soeben zum ersten Mal in seinem Leben Mozart hört. Es bewies, dass Kultur eine enorme Kraft hat, zu beeinflussen und zu beruhigen, trotz seiner Verbannung auf den Platz des Luxus in einer vom Markt dominierten Welt.

4. Oktober 1997

Der Markt frisst seine Kinder

Das erste Mal in meinem Leben habe ich sechs Wochen ohne Unterbrechung in Moskau verbracht, nicht nur als bloßer Beobachter, sondern auch arbeitend. Meine bisherigen Sorgen haben sich bestätigt und vergrößert. Dieses enorme Land entdeckt die Ungleichheit wieder – durch künstliche Befruchtung. Was ich damit meine? Nun, das Ende des Kalten Krieges stürzte Russland in eine Hetzjagd in Richtung Marktwirtschaft, als ob diese gleichbedeutend mit Demokratie wäre. Natürlich wurden demokratische Vorgaben respektiert – mehr oder weniger –, aber der Goldrausch war offensichtlicher, und er hatte auch weit mehr Bedeutung.

Bei meinen früheren Reisen nach Russland, von denen die letzte im Auftrag der UNICEF erfolgte, war es unmöglich, den beklagenswerten Zustand mancher Krankenhäuser zu übersehen, gleichzeitig konnte man die oft heroischen Versuche beobachten, Normalität aufrechtzuerhalten, ohne Löhne und ohne andere Mittel zum Überleben außer der Improvisationsgabe, welche die Bevölkerung im Lauf der russischen Geschichte zur hohen Schule entwickelt hat.

Beides war nicht überraschend.

Es war das Russland Dostojewskis, unmerkbar in moderne Zeiten gerückt. Es gab alles, von den Tiefen der Verderbtheit bis zu Momenten außergewöhnlicher Aufopferung und Größe. Die Geschichte hat uns auch gelehrt, davon nicht überrascht zu sein. Was aber überrascht und ich möchte sogar sagen entmutigt, ist, dass das Hotel, in dem ich immer wohnte, mit einem Mal Weltklasse ist, nicht nur was den

Standard des Service, sondern auch den Preis betrifft. Ein normaler Haarschnitt kostet 80 Euro. Es ergibt sich von selbst, dass die ausgezeichneten Restaurants auch nicht billig sind. Man hört manchmal die Stimme eines Ausländers, der in Verhandlungen mit Einheimischen steckt, aber Russisch dominiert am Dinner-Tisch, sehr oft in ein Mobiltelefon gebrüllt.

Es ist außergewöhnlich, wie schnell ein Land, das einst an Paranoia litt, wenn es um Geheimnisse ging, dem öffentlichen Ausbruch von Einfluss und Überfluss verfallen ist. Diese ganze Zurschaustellung von materiellem Reichtum, kombiniert mit den absurden Chor-Jingles im Fernsehen, dem Umgang mit Elektronik und all den anderen Beweisen für die Meisterung kommerzieller Notwendigkeiten, passt nicht wirklich gut zu den vielen älteren Menschen, die in Mülltonnen wühlen. Oder jenen, die einfach nur auf der Straße sitzen und ihre Misere mit der flachen Hand anzeigen, ausgestreckt ohne Überzeugung und Hoffnung.

Die Ungleichheit ist da, für alle leicht zu erkennen, und sie bringt die Überzeugung der Reichen zum Ausdruck, dass der Reichtum einiger weniger die allgemeinen Standards mit sich ziehen wird. Ich bezweifle das. Und in einer sich rasch wandelnden Welt ist es vielleicht Russlands Unglück, dass seine zweite, unblutige Revolution, historisch ebenso wichtig wie die erste, blutige im Jahr 1917, zu einer Zeit passierte, in der die freie Überflusswelt gerade unter den Auswirkungen der Globalisierung und all der Unsicherheit, die mit ihr einhergeht, zu leiden begann. Heute werden Regierungen von Finanz-Konstrukten geschwächt. Die Wahl zwischen Parteien wird mehr und mehr bedeutungslos, weil sie zu Lösungen, die einander sehr ähnlich sind, gezwungen werden – trotz ihrer wiederholten Beteuerungen der Unterschiedlichkeit. Und die Globalisierung des Marktes, von der diejenigen, die von ihr profitieren, behaupten, sie sei eine befreiende Kraft, kann sich leicht als das Gegenteil für die erweisen, die keine Chance haben, von ihr zu profitieren.

Die jüngst erfolgte Schließung der Renault-Fabrik in Belgien ist nur ein Beispiel für viele Arbeiter, die wegen rein kommerzieller Imperative ihre Jobs verlieren werden. Es gab wenig, was die französische oder die belgische Regierung dagegen hätte tun können. Die Botschaft ist klar. Die Bedürfnisse des Marktes sind unabänderbar, die Gesetze und Regeln der Regierungen zweitrangig und oft nur ein kleines Ärgernis für den Markt. Sie ist in Wahrheit sein Gegenstück. Es wurde schon viel über die russische Mafia geschrieben. Ihr Blut rinnt auch durch die Venen aller anderen Mafias der Welt, und das ist dramatisch zu einer Zeit, in der das Land versucht, demokratischen Halt zu finden.

Das Gegengift zu diesen Tendenzen kann in der neuen, nicht gewählten, aber repräsentativen Kraft von »Non-Governmental Organizations« gefunden werden, die eine globale statt nur eine nationale Antwort auf Probleme suchen, mit denen die Menschheit konfrontiert ist. In gewisser Weise antworten sie auf das dringende Bedürfnis nach globaler Moral. Keine Regierung könnte jemals die moralische Autorität haben, »Amnesty International« zu gründen oder »Médecins sans frontières«, »Greenpeace« und die anderen Antworten auf menschliche Not.

Wie wird Russland auf die tief greifenden Veränderungen reagieren, die nichts weniger als die Natur der Freiheit in dieser Welt betreffen? Veränderungen, die alle Nationen ohne Ausnahme berühren? Vielleicht liegt das Geheimnis in der lauten Stimme am Mobiltelefon, aber wahrscheinlicher ist, dass es in der Hand des alten Bettlers zu finden ist. Keine Gesellschaft kann auf Dauer bestehen, wenn sie dem Reichtum einiger weniger Vorrang gegenüber der Armut der Mehrheit gibt.

1. November 1997

Von Russland nach Amerika

Es ist ein eigenartiges Gefühl, die amerikanische Passkontrolle zu passieren – was ich vor einigen Stunden tat –, so unmittelbar nachdem man zwei Monate in Russland verbracht hat. Hier, in den USA, muss man bei der Einreise erklären, dass man nicht verrückt ist, in der Vergangenheit niemals für verrückt erklärt wurde und auch in Zukunft nicht verrückt werden wird. Abgesehen davon hat man zu versprechen, dass man keine Absicht hegt, die Regierung der Vereinigten Staaten gewaltsam zu stürzen. Der Unterschied zwischen dieser Prozedur und der russischen ist, dass die Russen einen gewissen Grad von Verrücktheit voraussetzen, wenn man den Wunsch hegt, das gegenwärtige Chaos ihres Lebens freiwillig mit ihnen zu teilen – und warum sollte man nicht versuchen wollen, die Regierung durch einen Putsch zu stürzen, wenn es so viele andere mit anderen Mitteln versuchen? Als Konsequenz daraus verzichten die Russen auf den verwirrenden Scan persönlicher Probleme. Dostojewski hat das viel befriedigender erledigt, als es jede Einreisebehörde jemals könnte.

Die Russen wollen lediglich bei Verlassen des Landes wissen, ob man wertvolle Ikonen in seinem Gepäck verbirgt. Und bei der Einreise erhält man ein Stück Papier, auf dem man für jeden ausländischen Geldschein Rechnung ablegen muss, den man in Rubel getauscht hat. Getreu ihrer strengen Reputation warnen sie, dass das Formular im Fall des Verlustes nicht ersetzt werden kann. Gibt man das wichtige Stück wieder ab, wird es abgelegt oder einfach in den Papierkorb geworfen, ohne dass sein Inhalt auch nur eines Blickes gewürdigt wird. Menschlichkeit setzt sich durch, eine Tatsache, die uns alle im Kalten Krieg gerettet hat.

Der Einwanderungsbeamte in New York lächelte und zitierte eine geheime Information, die auf seinem Bildschirm erschien. »Sie sind hier als Journalist geführt. Sind Sie Journalist?«, fragte er. »Manchmal«, antwortete ich. »Welche Zeitung?« – »Der Kurier in Wien.« – »Wie schreibt man das?« – »Mehr oder weniger wie den Tennisspieler, nur mit K.« – »Sie interessieren sich für Tennis?« – »Ja.« – »Wer kann Sampras schlagen?« – »Thomas Muster«, regte ich an, »unter bestimmten Bedingungen.« – »Welche?« – »Sampras muss krank sein.«

Bleibt die Frage, ob er in Wirklichkeit herauszufinden versuchte, mit welchen Mitteln ich versuchen würde, die Regierung zu stürzen. Er beantwortete diese Frage, indem er leichtherzig meinte: »Gut, wir lassen es beim Journalisten. Und ›Quo vadis?‹ hat mir übrigens sehr gefallen.« Wenn ich Ihnen heute sehr gut gelaunt erscheine, dann hat das einen Grund. Nach all den Kopfschmerzen mit der Inszenierung einer Oper am Moskauer Bolschoi-Theater, mit seiner kalten Atmosphäre doktrinärer Bürokratie, die sich aus vielen früheren Regimes erhalten hat, brach das menschliche Element durch das Spinnennetz, mit dem Ergebnis, dass meine Mitarbeiter und ich uns an etwas erfreuen durften, das mindestens drei internationale und die meisten nationalen Zeitungen als Triumph beschrieben haben. Ganz ehrlich, nichts in meinem Leben kann besser geeignet sein, mir Freude zu bereiten, als solch ein außergewöhnlicher Erfolg im Land meiner fernen Vorfahren. Fern? Eine Schlagzeile in der russischen Presse lautete: »Engländer rettet das Bolschoi.« So wurde ich noch nie genannt, am allerwenigsten in England. Die wissen es besser.

Wie auch immer, ich kann nicht mehr als einen Teil dieses Erfolges für mich in Anspruch nehmen, da ich auf das Talent der Sänger, des Chors und der Tänzer bauen konnte, die Vision und Wärme des Intendanten Wladimir Wasiliew und meinen brillanten Assistenten Piotr Szalsza, der in Wien lebt und Russisch mit einem schweren, aber amüsanten polnischen Akzent spricht.

Und all das in einem Augenblick, in dem Saddam Hussein, wie Fata Morgana, die böse Fee in der Prokofjew-Oper, versucht, die Tugend zu einem Kampf zu provozieren. Zumindest sehen unsere Freunde in Amerika diesen Konflikt so und sind dabei, den gesamten Sicherheitsrat in Geiselhaft zu nehmen. Die einzige verbleibende Supermacht der Welt zieht es vor, ihre Politik als die der Vereinten Nationen darzustellen, und politisiert dabei eine Organisation, deren Stärke immer ihre Unparteilichkeit war. Nun scheinen die Russen, gemeinsam mit den Franzosen und im Hintergrund den Chinesen, diesen Druck langsam zu neutralisieren. Über Jahrzehnte haben Sanktionen gegen Leute wie Saddam, Fidel Castro, Gaddafi und die iranischen Ayatollahs das Leben für die Armen und Kranken noch schwerer gemacht, ohne auch nur einen Moment die Diktatoren selbst zu treffen.

Es ist an der Zeit, eine einfallsreichere Politik zu finden, eine, die weniger mit der strafenden Kraft eines disproportionierten militärischen Establishments verbunden ist. Dies sind Echos einer vergangenen Zeit, eines Zeitalters der

Dinosaurier. Auf meiner persönlichen Ebene bin ich sehr berührt, dass die amerikanischen und russischen Reaktionen auf meine bescheidenen Opern-Versuche praktisch identisch waren. Woraus man einfach erkennt, dass Kultur das Wichtigste ist, wenn man ihre Botschaft in andere Sphären trägt. Man muss das Wien natürlich nicht erklären. Auch nicht den alten griechischen und römischen Reichen. Ihre Kultur ist alles, was von ihnen geblieben ist. Und sie ist noch immer imstande, ihre Weisheit und Menschlichkeit spürbar zu machen.

6. Dezember 1997

Indische Ideale

*I*m letzten Monat habe ich Russland verlassen und bin nach Indien gereist, wo über der wogenden Menschenmenge dieses Landes ein riesiges Fragezeichen schwebt. Antworten liegen noch in weiter Ferne, das beweist auch die Tatsache, dass die Nation sich auf eine Wahl vorbereitet, die niemand will. Doch statt der Neuorientierung der vielen Parteien ist für die Menschen der tägliche Überlebenskampf von weit größerer Bedeutung. Der Kampf in einer vielschichtigen Gesellschaft, deren Facetten auch bei Annoncen von Heiratsvermittlern in Zeitungen zu erkennen sind: Bewerber werden kategorisiert – in Sprache, Religion, finanziellen Status und astrologisches Potenzial. Auch die Hautfarbe, von Dunkelbraun über Goldbraun und Mittelbraun bis Hell, und schließlich das begehrte Weizengoldfarben.

Auf Heiratsannoncen antworten etwa 70 bis 100 potenzielle Kandidaten – ein eindeutiges Zeichen für das steigende Bedürfnis nach solchen Einrichtungen. Nicht wie im Westen, wo die Grenze zwischen näheren Kontakten und Ehe oft verschwimmt, sind in Indien Kontakte nur erlaubt, wenn zumindest Anstalten gemacht werden, dass es zu einer Hochzeit kommt. Das ist kaum überraschend, da die meisten Verbindungen ja arrangiert werden. Beide Familien beurteilen, ob der andere gut genug ist. Wenn sie zu dem Schluss kommen, dass einer der beiden zu niedrig in der Kaste ist, zu minderbemittelt oder er auch nur einen Hauch zu wenig religiöse Konformität beweist, beginnen die Probleme für das junge Paar.

Und zu allem Überfluss unterliegt der Vater auch oft noch dem Einfluss der Sterne: »Sie ist ein wundervolles Mädchen. Beide, deine Mutter und ich, sind ihr ergeben. Aber – hast du ihr Horoskop gesehen? Mein lieber Junge, was für ein Desaster! Ihr könntet nicht schlechter zusammenpassen. Das mag sich jetzt noch nicht zeigen, aber in einigen Jahren ... pass nur auf. Auf jeden Fall wirst du nicht lange leben. Du wirst bei einem Autounfall sterben. Natürlich wird sie am Steuer sitzen. Unversehrt.«

Man beginnt das Problem der Überbevölkerung zu verstehen, wenn man die zerbrechlich wirkenden Frauen in exquisiten Saris sieht, die mit Gold geschmückt auf Baustellen Ziegel schleppen und weniger als 40 Euro im Monat verdienen. Diese Frauen kommen vom Land und sind glücklich, in Industriestädten Arbeit gefunden zu haben, da sie hier immer noch mehr verdienen. Ich fragte, was mit ihnen während der Regenzeit passiert. Sie spannen eine Plane über das Dach, hat man mir geantwortet. Und die Kinder? Die Kleinen besuchen einen sehr guten Kindergarten, der die Eltern von Baustelle zu Baustelle begleitet, eine Initiative einer einzelnen Frau, die jetzt auch finanzielle Unterstützung von der Regierung bekommt. Die Größeren gehen entweder zur Schule oder werden mit zwölf Jahren auch auf die Baustellen gebracht. Unglücklicherweise sind die Gebäude, an denen sie arbeiten, Wohnungen für die Reichen. Auch in der niedrigsten Schicht werden Hochzeiten arrangiert, aber es wird nicht so viel Wirbel darum gemacht. In Bombay gibt es einen Heiratsvermittler, der sich auf Probleme spezialisiert, die man – taktvoll gesagt – als schwierig bezeichnen kann. Seine Anzeigen ermutigen Behinderte,

Menschen mit psychischen Schwierigkeiten und Aids-Kranke, seinen Service in Anspruch zu nehmen. »Jeder Defekt willkommen«, erklärt er. Dieser Mann sieht sich als Diener der Öffentlichkeit, eine Art Robin Hood. Und dann gibt es einen Sex-Therapeuten, einen von vielen in einem Land, das wohl kaum solche Hilfe zu brauchen scheint.

Ich habe in Indien viele wundervolle Menschen getroffen. Ich denke da besonders an den Straßen-Zahnarzt in Jodhhur, seine Auswahl an gebrauchten Zahnprothesen und rostigen Geräten ausgebreitet auf einem schmutzigen Tuch. Er bot mir an, sich um einen symbolischen Betrag meiner Zähne anzunehmen. Ich riskierte, ihn zu beleidigen, indem ich sein Angebot ausschlug. Standards sind eben verschieden.

10. Januar 1998

Das Alter und seine Tücken

*I*ch bin alt. Und das ist eine Tatsache. Nach westlichem Standard jedoch bin ich nicht ganz so alt. Was ich damit meine? Es gibt viele Menschen, die noch älter sind als ich und sehr klar und aktiv sind. Und aus diesem Grund bin ich immer wieder überrascht über das Erstaunen, das man mir bei so manchen Bekanntschaften in Thailand entgegenbringt. Man erzählt mir, sobald ich mein Alter preisgebe, dass Senioren meines Alters niemals außerhalb ihres Hauses gesehen werden.

In solchen Situationen muss ich immer wieder an meine Zeit in der Schauspielschule denken, wo man mir von einer Geste des traditionellen chinesischen Theaters erzählte: Der alte Schauspieler muss lediglich seinen langen Bart mit einer Hand hochheben, um damit jeden Kommentar des jungen und unerfahrenen Publikums verstummen zu lassen. Diese Generation scheint, ungeachtet der verschiedenen Persönlichkeiten, die Einstellung des Ostens zu erfüllen.

Man muss nur das keuchende Monster Pol Pot im Fernsehen sehen, um diesen Eindruck zu bestätigen. Gealtert vor seiner Zeit, Täter eines Verbrechens, das einzigartig in seinem Horror ist, lebt er unter Hausarrest. Es gab schon immer viel Aufsehen um seinen Verbleib. Einmal hieß es, er lebe komfortabel in Thailand, dann sagte man, er sei gefangen und bereit, sich den Prozess für zwei Millionen Ermordungen machen zu lassen. Und dann hört man noch, er wäre im Dschungel gestorben. Pol Pot taucht immer wieder auf, um die Gerüchte zu widerlegen, spricht schwache

Worte zu seinen Ekel erregenden Verbrechen und behauptet, dass die Tausenden Toten, die über die Landschaft verstreut liegen wie kaputte Tonscherben, nichts anderes als plumpe Fälschungen seien. Man kann sich nur wundern, dass so ein außergewöhnlicher Unmensch noch immer in dieser unversöhnlichen und gewalttätigen Welt überleben kann.

Unsere französischen Freunde, mit ihrer kristallklaren Logik und der beabsichtigten Ironie, meinen, dass weder Alter noch Senilität jemals die Justiz verfärben dürfen. Ein Nationalheld – bevor er die ultimative kriminelle Tat begeht, an einen deutschen Sieg im letzten Krieg zu glauben – schlief durch lange Passagen während seines Prozesses. Während andere, aktivere Geister über die gerechte Bestrafung für eine Seele debattierten, die langsam, aber sicher ihrem festen Griff entglitt. Welche Justiz auch geübt wurde, es brachte weder Befriedigung noch das Gefühl, in dieser Totenwache etwas erreicht zu haben.

Zweimal habe ich King Lear gespielt, und er hat mich viel über das Alter und seine Tücken gelehrt. Der König ist zutiefst böse am Beginn des Stücks, es scheint, dass er einer Ohnmacht nahe ist. Man kann ihn vergleichen mit Mao Tsetung, dessen Zorn auf die Unfähigkeit der versammelten Menge zur Kultur-Revolution führte. Ein Stück seniler Verrücktheit, die ihn dazu gebracht hat, den Befehl auszusprechen, alles zu zerstören, was alt ist – ausgenommen ihn selbst.

Millionen von an sich zurechnungsfähigen Menschen führten seine Befehle aus, ein sich wiederholendes Phänomen, das sich durch die Geschichte zieht. King Lear fand seinen Verstand schließlich auf der Heide wieder und flüchtete sich aus schierer mentaler Erschöpfung in den Wahnsinn. Er stirbt im geistigen Normalzustand aus einem sehr guten dramaturgischen Grund: Seine letzten Worte müssen zusammenhängend sein, um klar zu seinem Publikum zu gelangen.

Ich nehme nun an, dass dies auch für Pol Pot zutreffen könnte. Nachdem die Logik alleine nicht die Weisheit ausmachen kann, hat diese orientalische Einstellung vielleicht einen gewissen Vorteil: Die echte Bestrafung für einen Unmenschen ist es, ihn in Frieden leben zu lassen – mit einem langsam dahinschwelenden Gewissen.

Der Westen zieht die Rache vor. Der Hass gegenüber dem Angeklagten wird verstärkt von konditionierten Reflexen, ohne echte Emotionen. Die Zeit hat das alles schon gesehen. Die Zeit und die verstaubte Vorstellung eines Gesetzes, angeblich unberührt, unantastbar und nicht beeinflussbar, aber in den Händen dieser jungen Menschen, die genug Fakten kennen, aber nicht die Realität.

7. Februar 1998

Der Weg in die Freiheit

Meine Arbeit hat mich zum ersten Mal in meinem Leben nach Südafrika geführt. Früher war es ein verbotenes Land, was es dem Diktat der Apartheid zu verdanken hatte. In regelmäßigen Abständen hat man mich eingeladen, hier zu spielen. Doch ich weigerte mich, vor einem Publikum aufzutreten, das nach Rassen getrennt ist. Ich kann nur hoffen, meine Einstellung war einer von vielen kleinen Beiträgen zum Richtungswechsel, der seinen Anfang mit Nelson Mandelas Entlassung aus dem Gefängnis und seinem Regierungsantritt in der neugeborenen Republik nahm. Er war der Erste, der dem Gesetz Weisheit einhauchte, die er in den langen Jahren im Gefängnis erfahren hatte.

Der erste Eindruck der befreiten Nation war der von enormen Ressourcen an verborgener Energie, außergewöhnlicher Landschaft und evidenten Konflikten. Dass bestimmte Elemente vorübergehend außer Kontrolle geraten, kann man nicht leugnen – in ziemlich derselben Art und Weise wie im neuen Russland. Es ist das offensichtliche Resultat der plötzlichen Entspannung der Härte diktatorischer Macht, dass sich Gesetzlosigkeit ausbreitet. Wenn der gefürchtete Lehrer krankheitshalber der Klasse fernbleibt, ist schlechtes Benehmen die Folge. Das ist ein Naturgesetz und muss niemanden verwundern. Dass die Wohlhabenden dieser Situation alarmiert gegenüberstehen, ist auch nicht überraschend. Einige von ihnen haben das Land überhaupt schon verlassen. Das Geschäftsviertel von Johannesburg, einstmals das Symbol für Wohlstand und Ordnung, hat sich in ein Paradies für Straßenhändler verwandelt. Die vielen Plätze wurden zum Zuhause von Obdachlosen und zu einer stattlichen Müllhalde obendrein. Dasselbe Phänomen konnte man in einigen amerikanischen Großstädten wie Cleveland und Detroit beobachten, wo in das Zentrum des Geschäftslebens plötzlich die Armen eingedrungen sind, die mit dem Establishment ihr Spiel trieben, bis ein gewisses Gleichgewicht hergestellt war. Dass dieses Gleichgewicht wiederhergestellt sein wird, sobald die individuelle Freiheit nicht nur als willkommen, sondern auch als unvermeidlich angesehen wird, ist klar.

Trotz dieser Spannungen gibt es kein Land, dessen Einwohner – welcher Hautfarbe auch immer – freundlicher und hilfsbereiter dem Fremden gegenüber sind. Von jemandem angegriffen oder sogar getötet zu werden, der die Abkürzung in Richtung Reichtum sucht, muss hier – wie überall sonst – als Unglück gesehen werden und ist die Ausnahme der Regel. Viel häufiger wird der Reisende mit schon fast übertriebener Höflichkeit konfrontiert.

Heute ist Herr Clinton sehr früh am Morgen in Cape Con angekommen. Die amerikanische Presse ist schon hier, knapp 300 von ihnen liegen auf der Lauer und sind bereit, dieselben Fragen zu stellen wie in Ghana und Uganda.

Warum sie dies weiterhin auf fremdem Boden tun müssen, bleibt all jenen, die ein Gefühl für Ethik und Moral besitzen, ein Geheimnis. Wie auch immer – diese groteske Dummheit ist etwas, womit wir im Moment wohl leben müssen. Da Amerika das einzige Land ist, in dem man sich einen Anwalt nimmt, bevor man ihn braucht, werden dort Rechtsstreitigkeiten in sonst ungekanntem Ausmaß vom

Zaun gebrochen. Lasst unseren Geschmack leiden unter der Orgie des Fast Food, unsere Feinfühligkeit unter der Gewalt im Fernsehen und unsere Werte unter der Macht des Geldes. Aber Gott möge uns schützen vor dem Imperialismus des amerikanischen Rechtssystems, welches glaubt, es wäre uns allen moralisch überlegen.

Clinton wird den Ladenhütern journalistischer Wissbegier mit der üblichen lächelnden Melancholie gegenüberstehen, doch was wird er in dem wieder erwachten Land entdecken? Zuerst wird er in Nelson Mandela die leise Stimme reinster afrikanischer Weisheit hören – die erste ihrer Art, die das Verhalten der ganzen Welt beeinflussen konnte. Es sei hier auch Kofi Annan genannt, der Generalsekretär der Vereinten Nationen. Der Diplomat aus Ghana vermochte mittels seines außerordentlichen Verhandlungsgeschicks einen schrecklichen Militärschlag zu verhindern.

Nach all der Tragödie in Südafrika gibt es eine außergewöhnliche Art der Abrechnung, durchgeführt von einer so genannten »Versöhnungskommission«, vor der Menschen mit schlechtem Gewissen ihre begangenen Verbrechen gestehen und um Vergebung bitten. Den Vorsitz hält der dritte herausragende Afrikaner, Bischof Desmond Tutu.

Afrikaner haben ein tiefes Verständnis für familiäre Werte, die in weiten Kreisen der weißen Minderheit durch das Streben nach Erfolg korrumpiert wurden. Die Alten sind eingebunden in die Gemeinschaft der Familie und müssen keine Angst vor dem Überlebenskampf haben. Sogar die Vorfahren gehören zur Familie, als wären sie nur vorübergehend außer Haus. Diese Verbundenheit gibt der Familie ein Zusammengehörigkeitsgefühl, das den Weißen allzu oft abgesprochen wird. Natürlich hängt die Zukunft des Landes von der engen Zusammenarbeit aller Rassen ab, welcher Hautfarbe auch immer – dadurch erklärt sich der dringende Bedarf nach Versöhnung. Es gibt viele weiße Südafrikaner, die genau die richtige Einstellung haben. In der Vergangenheit jedoch und in seltenen Fällen auch heute kann man jene finden, die im Glauben an ihre eigene Überlegenheit so festgefahren sind, dass die zur Schau gestellte Ehrfurcht vor ihrem Gott mehr einem Erntedankfest der Pharisäer gleicht als der Überzeugung jener, die sich der Menschlichkeit verschrieben haben, ohne die man die Qualitäten anderer Menschen nicht erkennen kann.

4. April 1998

Die Zukunft im Rückspiegel

Der »Club of Budapest« traf vor einer Woche in Rom zusammen. Er ist eine jener Organisationen, die heutzutage aus dem Boden schießen – als Antwort auf einen öffentlichen Bedarf, die Ängste der normalen Bürger zu beruhigen, und als unvermeidliche Konsequenz aus der Unzulänglichkeit der Demokratie. Was den »Club of Budapest« von anderen regierungsfremden Organisationen unterscheidet, ist seine Konzentration auf eine Geisteshaltung, die darauf ausgelegt ist, in einer sich rapide ändernden Welt zurechtzukommen. Michail Gorbatschow, in seinem aufkeimenden Erfolg als Vorsitzender der russischen kommunistischen Partei, erkannte genau den Bedarf nach einem neuen Denken, das auch den Gefahren und Herausforderungen in einer Welt, die sich so schnell verändert wie noch nie, gerecht wird. Er bewältigte seine Aufgabe brillant, indem er die aus dem Kalten Krieg stammenden Theorien für veraltet erklärte. So diente er der Menschheit treuer als jene eines pragmatischeren und weniger visionären Schlages, die ihm während seiner Führung gefolgt sind. Natürlich braucht es mehr als einen Menschen, um die Grundlagen eines Umdenkens zu erarbeiten.

Für Millionen von Jahren war das schnellste kontrollierte Ding auf Erden das Pferd. Oder, besser gesagt, der Mensch auf einem Pferd. Naturgemäß machte sich mit der Zeit eine gewisse Eintönigkeit breit, die zu einer konservativen Einstellung gegenüber dem Fortschritt führte. Das Tageslicht war damals, was es auch heute ist, aber die durchwachten

Stunden einer Nacht waren gefärbt von Kerzenlicht. Die Natur war die Bühne für Donner, Blitz und Erdbeben, aber viele Menschen haben in ihrem Leben wahrscheinlich nichts Schnelleres gesehen als fliegende Pfeile, die auf jemand anderen gerichtet waren. Schießpulver veranlasste den Menschen, von seinem Weg abzuweichen und schließlich im Laufschritt davonzurennen, gefolgt von Dampfschiff, Eisenbahn und Elektrizität. Bald folgten Auto und Flugzeug mit einem enormen Zuwachs der Nachfrage.

Auf der Skala uns bekannter Geschichte ist die Zeit zwischen dem ersten Abheben der Gebrüder Wright und der Mondlandung ebenso kurz wie die Zeit, die zwischen Guglielmo Marconis erster drahtloser Nachrichtenübermittlung 1896 und dem Durchbruch des Internets liegt. Anstatt die Intensität der Entwicklung des Geistes zu verlangsamen, macht sich der Mensch zu theoretischen Geniestreichen auf, wenn es darum geht, sich der bedrohlichen Herausforderung zu stellen, sich selbst im Zaum zu halten. Die Ironie an alldem ist, dass es, sogar um ein normales Auto zu lenken, notwendig ist, die Vorgänge auf der Straße sehen und einschätzen zu können. Je schneller das Auto, desto mehr steht man unter Stress. Heutzutage können wir uns im Fernsehen sogar in die Position eines Häkkinen oder Schumacher versetzen; winzige Kameras übertragen direkt aus dem Cockpit. Das führt den normalen Autofahrer dazu, dem Himmel zu danken, dass er sich nicht auf einer Irrfahrt mit Höllentempo durch Schikanen befindet. Aber auch in einem Rennwagen reicht es nicht, nur die Straße, die vor einem liegt, zu sehen. Ein gelegentlicher Blick in den Rückspiegel ist notwendig, um die Sicherheit aller Beteiligten zu gewährleisten.

Man kann diese Beobachtungen auch auf die Politik anwenden. Heute, in unserer Welt, die sich in eine bewegte Zukunft aufmacht, gibt es noch immer jene, die durch die Tugend ihres Alters Macht ausüben in dem Glauben, die Welt sei unbeweglich und für Veränderungen müsse man im Rückspiegel Ausschau halten. Erst kürzlich eilte Mr. Suharto nach Hause, um in eben jenem Inspiration zu suchen. Der Rat der Weisen setzte sich durch, doch alles, worauf sie sich anscheinend einigen konnten, um seinem Nachfolger unter die Arme zu greifen, ist, den Spiegel gegen einen kleineren auszutauschen.

Überall trifft man auf verbohrte Menschen, die übereifrig versuchen, mit ihrer Politik der Unbeweglichkeit etwas zu bewegen. Der nordirische Reverend Ian Paisley besteht angesichts eines mächtigen positiven Triumphs trotzdem auf seiner »Nein«-Stimme, während Mr. Botha das Tribunal für Frieden und Wiedergutmachung in Südafrika in den Himmel lobt, in dem Glauben, dass seine Position als Staatsdiener einer Regierung, die legale sowie illegale Methoden anzuwenden gewohnt war, ihn über das Gesetz erhebe. Es ist fragwürdig, ob dieses Beispiel des rückständigen Denkens das demokratische Recht hat, seinen schwermütigen Schatten über so viele Millionen Menschen zu legen, die völlig anderer Meinung sind. Auf dieser Ebene führt sich die Demokratie selbst ad absurdum und ebnet den Weg für das klassische Verhältnis zwischen den Starken und Schwachen. Unbestritten ist bei alldem, dass mit der althergebrachten Art, an Dinge heranzugehen, man die Zukunft nicht wird bewältigen können; eine Zukunft voller Überraschungen, in der sich sogar unantastbar geglaubte Werte verändern. Die

Neuregelung von Gesetzen nach Zeiten maßloser Ungerechtigkeiten überall auf der Welt zeigt, dass das Gesetz – und sei es in Stein gehauen – doch der Erosion der Zeit ausgesetzt ist.

Man sehe also in den Rückspiegel, aber man lasse sich nicht von ihm blenden, wenn es darum geht, was es zu tun gilt in einer Welt voll globaler Verantwortung und Gerechtigkeit. Und vor allem: Wähle niemanden, dessen Rückspiegel die einzige Quelle der Erkenntnis ist.

6. Juni 1998

Bälle statt Bomben

*I*m Laufe der menschlichen Evolution wird offenbar, dass sportliche Veranstaltungen wie Weltmeisterschaften und Olympische Spiele allmählich den Krieg als Ventil für des Menschen dunkle Instinkte abgelöst haben.

Den Ursprung dafür muss man nicht lange suchen. Zu Anbeginn der Geschichte waren Konflikte begrenzte und akzeptierte Angelegenheiten, in denen nur eine minimale Zahl an Kriegern eingesetzt wurde. Sieg und Niederlage wurden eher an der Anzahl der erlittenen Verluste gemessen als an der Anhäufung von Toren, gelben oder roten Karten. Durch den Wandel der Zeit und durch des Menschen unfehlbare Instinkte, neue Methoden zur Selbstzerstörung zu erfinden, wuchs die Dimension eines Krieges so ungeheuerlich, dass sie einem Vergleich mit dem Sport spottet. Die Grenzlinie verschwamm, und das Licht war zu düster, um Sieg und Niederlage klar auseinander halten zu können. Darüber hinaus ist eine Spanne von vier Jahren, wie zum Beispiel im Ersten Weltkrieg von 1914 bis 1918, für den Menschen eine zu lange Zeit, um sich ganz auf eine Sache zu konzentrieren. Ohne diese Konzentration verliert Sport jedoch zuerst an »Intensität« und dann an Interesse.

Trotz dieses melancholischen Umstandes gibt es da noch immer jene mit militärischen Neigungen, die sagen, junge Leute seien aufgrund entschuldbarer Irrtümer der Rechtsprechung »professioneller« Vorgesetzter unnötig gestorben, und nennen sie »unsere glorreichen Toten«. »Unsere glücklosen Toten« träfe es wohl eher oder noch besser »unnotwendigen Toten«. Solch eine Wahrheit jedoch unter ein Kriegerdenkmal zu schreiben würde die in der Vergangenheit verwurzelten Gefühle vieler allzu sehr verwirren. Die Atomwaffen – so viel steht fest – haben ein für allemal jede Ähnlichkeit zwischen einem menschlichen Konflikt auf globaler Ebene und jenem, der auf ein Stadion beschränkt bleibt, ausgelöscht. Die Atombombe und ihre Geschwister namens Nervengas, Agent Orange sowie alle anderen Mitglieder dieser grauenhaften Sippschaft haben es in den Rang einer Staatsaffäre nur durch zwei Umstände geschafft. Einerseits durch ihre vollkommene Anonymität und andererseits durch die exorbitanten Kosten. Dann wurde Krieg auch für jene unattraktiv, die sonst der Rüstung das Wort redeten und somit für eine unproportionale Präsenz in internationalen Budgets sorgten.

Zwei Länder, beide mit einer enormen Population unterernährter Menschen, haben sich entschieden, die Atombombe besitzen zu müssen, was gleichbedeutend ist mit der Erbschaft eines Vermögens an wertlosem Geld. Wir alle wussten, dass die Kultur, die sich Indien und Pakistan teilen, sehr alt ist. Wir haben aber nicht verstanden, dass es eine unverwechselbare Kultur ist, die den Besitz solch einer unkontrollierbaren Waffe gleichsetzt mit Sicherheit. Dies ist die Denkungsart der militärischen Lobby. Mister Netanjahu hat bereits Hasard gespielt, indem er meinte, bestehende Vereinbarungen seien Auslegungssache, gerade so, als besäße er den Schlüssel zu einem Geheimnis, das nur er kennt. Tatsächlich nutzt er dieses Konzept von Sicherheit schamlos aus und breitet einen Deckmantel über die Ambitionen der regierenden Partei. Ironischerweise führt respektlos behandelte Sicherheitspolitik unvermeidlich zu Krieg.

Der Rest der Menschheit hat zum Großteil Fortschritte gemacht und gönnt sich die Spannung der Weltmeisterschaften. Die Zeit nach der erzwungenen Heimkehr der österreichischen Mannschaft ist wahrscheinlich nicht die taktvollste, um daran zu erinnern. Immerhin hatte man Momente des Ruhmes mit Toni Polster und einige von Michael Konsel heldenhaft gehaltene Bälle. Und vor allem: Sie sind alle noch am Leben und gesund, können in der besten Gesellschaft der Belgier, der Schotten, der Bulgaren nach Hause kommen. Es folgten noch einige, das ist klar. Uns wurde ein attraktives Team vorgestellt, dem es vielleicht ein bisschen an Genialität mangelte, aber sicher nicht an Talent. Österreich hatte also seinen Krieg und hat sich ziemlich gut geschlagen. In vier Jahren geht es weiter – mit jungen Spielern, die wir heute noch nicht kennen. Und wer weiß, vielleicht wird dann alles so gut laufen, dass man ein kleines Monument inmitten von Wiens zahlreichen heldenhaften Statuen – gewidmet »den glorreichen Lebenden« – errichten kann. Dieser Tag wird in die Geschichte eingehen.

Währenddessen gibt es jene, die sich unwillig zeigen, die bösen alten Zeiten als für immer vergangen zu sehen. Und die hoffen, Verbindungen zwischen der Schande von gestern und der Hoffnung von morgen knüpfen zu können. Ich beziehe mich hier natürlich auf die Hooligans. Jene mit einer unerschütterlichen Dummheit, die trinken, um betrunken zu werden, und sich mit jedem bösartigen Vorbild identifizieren, das in ihre kranken Seelen passt. Wer wird diesen Krieg gewinnen? Doch hat das wirklich etwas zu bedeuten?

Die Hauptsache ist, dass Krieg ersetzt wird durch ein freudiges, dynamisches und manchmal auch heroisches Festival, mit eigenen geheimen Waffen, der Weltmacht und sogar den hochrangigen Experten der FIFA unbekannt.

Ein französischer Spieler beschwerte sich bei seinem Teamkollegen, dem Verteidiger Lilian Thuram, dass er einen unerträglichen Knoblauchgeruch um sich verbreite, der ihn praktisch nicht angreifbar für die gegnerischen Spieler mache. Thuram erklärte, dies wäre der einzige Weg, männliche Hexen von sich fern zu halten. Von hier an drei Karten: rote, gelbe und Speisekarte.

18. Juli 1998

Tausend Jahre, na und?

Jeder spricht vom Millennium, als ob es ein Moment wäre, in dem sich alles wie von Zauberhand verändern wird. Wenn es nach den Optimisten geht, zum Guten, geht es nach den Pessimisten, zum Schlechten. Während die Unentschlossenen sich damit zufrieden geben, abzuwarten und Tee zu trinken.

Ich persönlich glaube, es wird nach all den Erwartungshaltungen zu einer milden Antiklimax kommen, vergleichbar mit dem Erlebnis, den Äquator zu überschreiten. Was wird passieren? Einfach nichts. Außer dass Instrumente wie Kompasse, die übermenschliche Sensibilität besitzen, in ihrer eigenen ruhigen Art verrückt spielen. Aber nicht für lang. Sie erholen sich schnell, während Menschen sich von nichts erholen müssen.

Es ist wie all die anderen abstrakten Momente, die wir feiern, weil uns gesagt wird, es wäre Zeit dafür. Geburtstage sind ein gutes Beispiel dafür. In der Kindheit bedeuten sie noch etwas, wie etwa Geschenke. Und ein Jahr näher zu Unabhängigkeit und freiem Willen. Acht Kerzen auf der Torte, wo vor einem Jahr erst sieben waren, bedeuten achtbaren Erfolg. Nur mehr zehn Jahre, bis ein Junge oder ein Mädchen hinter dem Lenkrad eine legale Bedrohung für seine Mitmenschen sein darf und bis sie für absolut nichts mehr eine elterliche Erlaubnis einholen müssen. Wenn sie unkontrollierbare Mordgelüste hegen, sollten sie diese besser bald erkennen. Denn für die meisten zivilisierten Gesellschaften sind sie im Mordfall bereits Erwachsene vor dem Gesetz.

Äußerst selten brennen 80 Kerzen auf einer Torte. Oft werden sie durch ein nettes kleines Feuerwerk ersetzt, um die bescheidene Torte festlicher aussehen zu lassen. Und je weniger man über Geburtstage spricht, umso besser, denn die Jahre sind unwiderruflich, und sie interessieren Versicherungen sowie medizinische Fakultäten mehr als die alten Menschen selbst. Tatsächlich gibt es ab einem gewissen Alter nur mehr kleine Feste zu feiern. Es sei denn, man hat es mit einem Freak zu tun, der mit dem Guinness-Buch der Rekorde liebäugelt. Aber sogar dann, mit 120 Jahren oder so, beginnt er sein genaues Alter zu vergessen. Und sagt man es ihm, hat er das Problem, dass er es nicht hören kann. Schreibt man es auf, kann er es nicht sehen.

Also, warum machen wir so viel Wirbel um das Millennium, wo es doch nur ein Punkt in einer Zeitspanne von 1000 Jahren ist?

Sehr wenige Menschen, die bewusst diese spannende Sekunde erleben, werden die ersten hundert Jahre leben, und es folgen noch 900 weitere, bis die Aufregung sich wiederholen wird. Und wie feiern wir traditionelle Feste? Christi Geburt zum Beispiel. Einige Gläubige gehen in die Mitternachtsmette, aber die große Mehrheit ist einfach dankbar für ein paar Tage Ferien, weit weg von der Arbeit. Und sie denken nicht daran, wem sie dies zu verdanken haben. Auch heute wird Geschichte geschrieben, und Menschlichkeit wird sich für einige wenige in etwas »Profitables« verwandeln, indem man sie zu einem Massenprodukt macht.

Derzeit haben die Franzosen jeden Grund, des 12. Juli mit noch größerer Euphorie zu gedenken als des 14. Juli.

Der 14. war, unterm Strich, lediglich der »Sturm auf die Bastille«, ein fast leeres Gefängnis, am Beginn der Französischen Revolution vom Volk ohne viel Schwierigkeiten besetzt. Die wirklichen Umstände waren von der Symbolik der »Freiheit, Gleichheit, Brüderlichkeit« verklärt worden. Worte, die seit ihrer Prägung doch einige Generationen überdauert haben und die noch heute einen zwar erstrebenswerten, aber unerreichbaren Standard für die Menschheit darstellen. Trotzdem war dies eine interne Angelegenheit, es kämpfte Franzose gegen Franzose.

Der 12. Juli war der Tag des Sieges der Fußball-Weltmeisterschaft, in der Frankreich alle Gegner bezwang und für zumindest vier Jahre Champion bleibt. Dies ist sicher in Zukunft der Grund für einen weiteren Feiertag. Und nachdem Frankreich in solchen Angelegenheiten sehr gut ist, besonders in einer Zeit der Frühpensionierungen und Arbeitslosigkeit, fühlt es sich dem »faire le point« verbunden und macht den 13. Juli zum Fenstertag, wodurch man perfekte Voraussetzungen für drei neue Feiertage schafft. Zur Zeit wird der 14. Juli in Freudenstimmung gefeiert, mit Feuerwerk, »bals musettes« und Tanz in den Straßen.

Was für ein Unterschied zu Nordirland, wo eines wesentlich unbedeutenderen Ereignisses als des Sturmes auf die Bastille gedacht wird, indem bigotte Protestanten, Angehörige des so genannten Oranier-Ordens, einen Marsch abhalten, um den Katholiken von heute ein verlorenes Gefecht von vor 300 Jahren unter die Nase zu reiben. Um Geschmacklosigkeit mit Geschmacklosigkeit zu beantworten, tragen diese missmutigen Männer Melonen und geschulterte Regenschirme und sehen aus wie Leichenbestatter, die gegen eine Knappheit an Leichen protestieren, weil das ihren Lebensstandard bedroht.

Das Millennium, und was ihm folgt, wird das sein, was wir daraus machen. Weit mehr davon abhängig, was wir vergessen, als woran wir uns erinnern können.

8. August 1998

Der Fleck auf dem Kleid

Es war ein außergewöhnlicher Monat, um Prioritäten zu überprüfen. Die bei weitem größte Katastrophe war die verheerende Überflutung in China, die Tausende Opfer forderte und als die größte nicht-kriegerische Mobilmachung in die Geschichte eingehen wird. Hätte solch ein Akt Gottes Europa oder Amerika getroffen, wären es bestimmte Teile einer Bevölkerung gewesen, die einen gewichtigen Platz in den Schlagzeilen verdient hätten. Aber nachdem China so weit weg ist und unbegreiflich viele und aus unserer Sicht anonyme Menschen dort leben, wird über diese gigantische Tragödie nur auf den inneren Seiten unserer Zeitungen berichtet.

Als nächste Katastrophe in dieser Reihung muss wohl die Bombardierung der amerikanischen Botschaften in Nairobi und Dar-es-Salaam durch Fundamentalisten genannt werden. Hier verloren elf Amerikaner und mehr als hundert Afrikaner ihr Leben. Dies war keine Handlung Gottes, sondern vielmehr die Tat verrückt gewordener Menschen, die einen schnellen, wenn auch schmerzvollen Weg in den Himmel suchen – auf Kosten derer, die sich damit zufrieden geben, ein erfülltes Leben zu leben. Man hat nach dem Sieg des Iran über Amerika bei der Fußball-Weltmeisterschaft gehofft, dass der große Hass geschrumpft sei. Doch dem war offensichtlich nicht so. Die Welt des Fanatismus besteht nicht aus Fußballspielern, und ihr Ziel ist nicht das Tor. Nachdem amerikanisches Leben und Eigentum das Ziel war und auch weil sich das Drama – mit der Identifikation von Osama bin Laden als Impresario des Todes – täglich fortsetzt, ist es zu früh, dieses Kapitel abzuschließen.

Verglichen damit, kommt in mir bei aller Monotonie der Überschwemmungen in China, die ohne Strategie oder politische Konflikte passieren, die taube Hoffnung auf, dass sich das Wasser bald zurückziehen wird.

Der dritte Anspruch an unsere Aufmerksamkeit, der eine Headline verdient, ist die bedauernswerte Explosion der Autobombe in der nordirischen Stadt Omagh. Dies ist ein schrecklicher Anschlag, mit 28 Toten und vielen Verletzten, in einer Bevölkerung, die klein genug ist, diesen Massenmord als riesige Katastrophe zu empfinden. Auch hier fehlt das religiöse Element nicht, der einzige teuflische Unterschied zwischen diesen und den anderen »Bekennern zum wahren Glauben« ist, dass diese hier Amateure sind, die sich gar noch für ihre Vorstellung entschuldigen, mit dem Hinweis, sie hätten nur Sachschaden verursachen wollen. Als Iren müssten sie von den schmerzlichen Verlusten unter ihren eigenen Landsleuten eigentlich betroffen sein, zu deren Wohl sie ja ihre gemeinen Taten voll Hingabe begehen.

Dies sucht seinesgleichen vergeblich in der Liste der hochprofessionellen Verbrecher Afrikas, welche für sich schon blinder, tauber und dümmer erscheinen, als es ein Mensch überhaupt sein kann. Werden sie den Himmel erkennen, sollten sie überhaupt jemals dort ankommen?

Keiner dieser Anlässe hat aber so lange die Öffentlichkeit beschäftigt wie die unglaubliche Seifenoper, die einen Fleck auf einem Kleid zum Inhalt hat. Eine ganze Nation hatte ihr Auge unfreiwillig auf ein Schlüsselloch gepresst gehalten, um das Urteil über das unangebrachte Verhalten ihres Präsidenten nicht zu verpassen. Dafür gibt es natürlich einen Grund. Amerika ist mit seinem leidenschaftlichen Anspruch auf Freiheit, dem Glauben an seine einzigartigen Leistungen und seine Fähigkeit, »andere« mit dem eigenen Beispiel zu belehren, ein Land wie kein anderes. Sehen diese »anderen« das auch so?

Primitive Stämme interpretierten das Grollen eines Vulkans als Missstimmung der Götter, die sie mit dem Opfer einer Jungfrau wieder wohlzustimmen gedachten. Mit der Entwicklung von Demokratie hat sich vieles verändert, aber nicht alles. Heute steht an Stelle der Götter eine mysteriöse Abstraktion, genannt »Das amerikanische Volk«, das von einer Unzahl von Halunken und Besserwissern, die sich dazu berufen fühlen, Kommentare zu dem Grollen aus der Ferne abzugeben, auf Trab gehalten wird. Sie sind da, um die Entscheidung zu erleichtern, den Präsidenten zu opfern und somit die amerikanische Bevölkerung zu beruhigen. Welch Glück für den Präsidenten und für die ganze Welt im Allgemeinen, dass die amerikanische Bevölkerung sich als viel gescheiter und offener herausstellt, als es die Mehrheit der selbstgerechten Meinungsbildner im Fernsehen ist.

Umfragen zeigen, dass die Mehrheit der Amerikaner aufgrund der bisher von Bill Clinton erzielten Erfolge beharrlich hinter ihm steht und seinem Privatleben weit weniger nationale Bedeutung zumisst, als es die grauen Eminenzen gerne hätten. Sie glauben, es sei Hillary Clintons Sache und nicht ihre. Diese Reaktion ist äußerst wünschenswert in dieser festgefahrenen Situation, die vom Sonderermittler Ken Starr heraufbeschworen wurde, der auf seine Art ein Handlanger von engstirnigem Fundamentalismus ist. Vor Jahren begann er, zwielichtige Immobiliengeschäfte in Arkansas zu untersuchen, um nun – 400.000 Steuer-Euro später – seine ganze Aufmerksamkeit dem Fleck auf einem Kleid zu widmen. Das »amerikanische Volk« wäre wohl dazu in der Lage, die Nation davor zu retten, in einem Meer aus Absurditäten unterzugehen, könnte es einer zunehmend streitsüchtigen Gesellschaft die Wahrheit näher bringen, dass es Freiheit nur dort geben kann, wo die Privatsphäre respektiert wird.

Eine Nachricht neueren Datums: Rebellierende Eltern in England nehmen ihre Kinder aus der Sonntagsschule, weil zwei Lehrer den Kleinen Albträume beschert haben, indem sie kategorisch festgestellt hatten, Lady Di schmachte nunmehr in der Hölle infolge ihrer reuelosen Unsittlichkeit. Ein weiteres Beispiel dafür, wie ausgeprägt Taktgefühl und Weisheit bei Fundamentalisten sind.

Und währenddessen schreitet die Überflutung Chinas ungehindert fort.

5. September 1998

Weihnachtsmänner dieser Welt

Jetzt ist wieder die Zeit, in der ich liebenswürdig, aber bestimmt gebeten werde, auf Weihnachten aufmerksam zu machen, als ob das notwendig wäre! Geschäftsleute erinnern uns daran, dass dies nur ein kurzer Augenblick ist, in dem Freundlichkeit unseren Mitmenschen gegenüber unerlässlich ist. Einer davon, ein Großhändler für Damenbekleidung, war so zuvorkommend, mir einen jener raffinierten Kataloge zu schicken, in dem mein Name gedruckt erscheint. Es sieht alles danach aus, als habe man sich jede erdenkliche Mühe gegeben, den Inhalt direkt auf mich zu beziehen. Ein rotbackiger Weihnachtsmann verkündet freudestrahlend, dass das Geld für jeden abgebildeten Artikel erst am 15. Januar fällig ist. Wer sich zur Bestellung verführen lässt, erhält außerdem einen bunt schillernden Regenschirm, um stets geschützt zu sein. Wovor denn, bitte?

Abgesehen von vier Seiten für salopp-zwanglose Herrenmode und einigen Haushaltsartikeln ist der Rest der holden Weiblichkeit vorbehalten. Nun weiß ich, wohl ebenso wie der Absender, dass mir weibliche Angehörige, meine Frau und drei Töchter, lieb und teuer sind und ihnen zu Weihnachten Aufmerksamkeit gebührt. Doch das rechtfertigt kaum eine Kollektion aus 37 verschiedenen BHs und mehr als 40 Höschen, wovon eines als »String mit erotischer Spitze« angepriesen wird, alles natürlich auf nacktem Fleisch fotografiert und, ich wiederhole, an mich persönlich adressiert. Nicht um alles in der Welt würde ich einer meiner Damen so etwas schenken, trotz des bunten Schirms.

Und was hat das alles mit Weihnachten zu tun? Trägt es zur allgemeinen Freude bei? Jedenfalls ist es himmelweit entfernt von der Krippe und der Herberge ohne freies Zimmer. Selbst wenn die Weihnachtsgeschichte einen perfekten Vorwand für baumwollenen Schnee im Schaufenster, Rentier-Karikaturen, elektronische Glockenspiele und Hightech-Verlockungen für Partyfeiern bietet, Tatsache ist und bleibt, dass mit dem Heranreifen der Demokratie, von vielen Ausnahmen abgesehen, die Welt zumindest mehr Toleranz für fremde Religionen zeigt, allerdings nicht für andere Lebenseinstellungen.

Traditionelles Religionsverständnis bildet die Antithese zur Demokratie. Jeder von uns wird mit ihr groß, wir bekommen sie quasi mit der Muttermilch verabreicht, lange bevor wir wählen dürfen. Kinder kommen ohne Vorurteile zur Welt. In diesem Sinn sollten wir uns ein Beispiel an ihnen nehmen. Das Vorurteil entwickelt sich allmählich wie das Depot eines guten Weins. Nährboden für Vorurteile sind ironischerweise jene Elemente der Jugend, die am meisten geschätzt werden und die man für Religion, Erziehung und Familie für unabdingbar hält.

Damit will ich sagen, dass sich Religion nur in Beziehung zu anderen Religionen, Geschichte nur in Bezug auf andere Epochen und Familie nur im Verhältnis zur Familie des Menschen begreifen lässt.

Genug der ernsthaften Gedanken. Schließlich ist es doch die Zeit der Unbeschwertheit, der Papierhüte, des Lamettas, der Völlerei, des unruhigen Schlafes, nicht wahr? Und bevor Sie mir einnicken, möchte ich nur warnend darauf hinweisen, dass die Vision eines dunkelhäutigen Gentlemans, und sei es auch nur im Traum, mit charakteristischer Frisur und buntem Schirm, nur eines bedeuten kann: dass der Geist des Weihnachtsfestes durchlöchert wird, was zu einer Vernichtungsorgie anstößiger Damenunterwäsche führen könnte. Und was den Zahlungsaufschub bis zum 15. Januar anbelangt: Der stolze Besitzer wird dann schon längst über alle Berge sein, einen seiner 37 oder über 40 Decknamen benutzen und sein Gratisgeschenk als Sonnenschirm verwenden.

Die Gefahr von Religionskriegen ist längst nicht gebannt, auch wenn die wachsende Intelligenz des Menschen und die daraus folgende Akzeptanz der Demokratie als am weitesten entwickeltes und gerechtestes politisches System einigen davon bereits ihre Grundlagen entzogen hat. Doch auch hier besteht die Neigung, Demokratie als Dogma zu behandeln, anstatt sie einfach als Vehikel einzusetzen, um menschliche Intelligenz dahin zu verfrachten, wo sie hingehört. Demokratie als Dogma wird genauso unflexibel und gefährlich wie jede beliebige Religion. Werfen wir einen Blick auf die Vereinten Nationen mit ihrem wunderbaren Hohepriester Kofi Annan, unauffällig darauf bedacht, die Organisation dem Zweck zuzuführen, für den sie gedacht war: als Ausgleich zwischen unterschiedlichen Überzeugungen und politischen Systemen in einer komplexen Welt. Mittlerweile lassen sich zwei führende Demokratien, deren ehrgeizige militärische Strafaktionen vereitelt wurden, offen und ungeniert darüber aus, die internationale Szene im Namen der Demokratie von Saddam Hussein zu befreien. Das Letzte, das Demokratie nötig hat, sind Akte der Piraterie. Nicht einmal die Kreuzfahrer sind gut damit gefahren, und es gab bereits illegale Lösungsversuche, die von der Geschichte als inakzeptabel beseitigt wurden. Saddam Hussein und Oberst Gaddafi haben Luft- und Raketenangriffe auf ihr Land erlebt, doch scheint damit ihre Entschlossenheit nur gefestigt worden zu sein. Um die beiden zur Vernunft zu bringen, dürfte der Appell an den Geist des Weihnachtsfestes sinnlos sein. Welchen Stellenwert billigt man der Religion in einer Welt der immer freier werdenden Gedanken überhaupt noch zu? Dazu fällt mir Salvador Dalís berühmter Satz ein, der zumindest bei einem spanischen Prälaten begeisterten Anklang fand: »Soy praticante ma non creente.« Ich handle, aber ich glaube nicht.

Nicht zu vergessen Fidel Castro, ein Zeitgenosse, der mit den Jahren fast so verehrungswürdig geworden ist wie der Weihnachtsmann selbst. Seit dem Papstbesuch in Kuba kann Castro in der Kathedrale von Havanna eine vierstündige Rede über die Vereinbarkeit von Christentum und Kommunismus halten. Die Welt ist glücklicherweise immer voller Überraschungen oder Widersprüche. In diesem Sinne wünsche ich Ihnen ein frohes Weihnachtsfest.

19. Dezember 1998

Von Phuket zu Bill

Wirklich verrückt, diese Woche. So voller Gegensätze. Es begann Sonntagmorgen. Drei paradiesisch lange Wochen hatten wir an einem versteckt gelegenen Strand in Thailand gefaulenzt. Und dann das! Der Wecker läutete um fünf in der Früh. Auf einmal war sie wieder da, die Notwendigkeit, in Socken zu schlüpfen. Welch seltsames Gefühl! Urlaube sind eine wunderbare Erfindung, selten genug, um ihre Magie auch entfalten zu können, wenn wir sie antreten. Ein Wasser, so warm, dass man ohne Zaudern hineintappt. Beim späten Lunch auf der Terrasse küsst eine sanfte Brise. Schöne Siesta. Schließlich eine Dusche, das Abendessen und ein Schlaf bei offenen Balkontüren. So hat einen die Natur schon vor dem Frühstück im Griff.

Dieses Ritual vollzog sich während der nächsten 21 Tage so lange, bis es zur lieben Gewohnheit wurde. Das machte den frühesten aller möglichen Abflüge am Sonntag besonders lästig. Denn eben hat man sich schon damit angefreundet, das Leben könnte – und sollte – für immer so weitergehen. Also doch von Phuket – mit dem exzellenten Service der Lauda-Air – nach Wien. Weil wir viel früher als geplant gelandet waren – gut ausgeruht und superb verköstigt –, platzierte uns Lauda auf einen zeitigeren Flug ins nebelige Genf. So wurden wir noch früher vom heimatlichen Chaos empfangen. Aber der echte Wahnsinn sollte erst im Morgengrauen des Montags auf uns zukommen. Ein Flug nach London – und das nur, um Richtung Toronto abzuheben. Warum ausgerechnet Toronto? Nun, ich war eingeladen worden, einen einzigen Tag lang in einem Film in Hollywood mitzuwirken. Ein Angebot, das ich nicht ausschlagen konnte. Nun war ich unklug genug gewesen, drei Wochen in Thailand verbracht zu haben. So war der Abstecher nach Toronto die einzige Möglichkeit, rechtzeitig eine amerikanische Arbeitserlaubnis zu erhalten.

Bei genauer Betrachtung haben sich jene Amerikaner und Russen, die den Kalten Krieg erlebt haben, einander sehr stark beeinflusst. Wollte man sich einst um ein Visum in die Sowjetunion bemühen, setzte man sich einer langweiligen und frustrierenden Erfahrung aus. Inklusive endlosen Wartens und des Gefühls ständiger Beobachtung. Im Vorjahr führte ich im Bolschoi Regie. Und das Bolschoi selbst organisierte mein Visum. Ich brauchte nur anzureisen. Sehr angenehm. Eine Arbeitserlaubnis in den USA zu bekommen war vor einigen Jahren leichter als heute. Einige der Fragen, die man da beantworten muss, scheinen absurd, irgendwie aber auch schmeichelhaft: »Planen Sie einen gewaltsamen Sturz der amerikanischen Regierung?« Von dieser Frage fühlte ich mich stets geehrt, da ich nicht einmal wüsste, wie man das anstellen sollte. Diese Frage war auch nie treffender als heute, da 55 vornehme Gentlemen im Senat versuchen, genau das zu tun. Und das, ohne dafür großes Interesse in der Öffentlichkeit zu erzeugen. Im Gegenteil: Sie schaffen es, uns zu Tode zu langweilen. Aber vielleicht ist eben genau das der richtige Weg, einen solchen Umsturz einzuläuten.

Sei's drum, die ganze Angelegenheit ist verbissen und witzlos. Die Betonung bei der Frage scheint darauf zu liegen, ob man vorbestraft sei, weil man den Umsturz bereits geplant habe, aber daran gescheitert sei. Zu allem Überdruss gleicht das Dekor des Konsulats in Toronto auch noch einer Strafanstalt. Während ich wartete, kam mir der Gedanke, dass die Russen immer viel über jene Menschen in Erfahrung brachten, mit denen sie zu tun haben. Die Amerikaner hingegen sind mächtig genug, nichts über sie zu wissen. Sie geben sich stets aufgeschlossen. Andererseits legen sie großen Wert auf Vorschriften und sind immer dazu bereit, neue Gesetze zu verabschieden, wie unsinnig diese auch sein mögen.

Gönnen Sie mir eine Pause. Denn ich muss nun gestehen, dass der idyllische Urlaub doch nicht frei vom verruchten Einfluss der Außenwelt war. Von den sieben TV-Kanälen im Hotel war einer thailändisch, der andere malaysisch. Der andere, ebenso informative Kanal war CNN. Dieser ließ das strapaziöse Verfahren gegen den Präsidenten in unser ruhiges Zimmer dringen. Eine Angelegenheit, die vielleicht legal ist, sogar verfassungskonform, aber zweifellos die unmenschlichste aller vorstellbaren Begegnungen darstellt. Die Sünden, die er beging, sind jene, die Tausende anderer Paare jeden Tag und – mehr noch – jede Nacht begehen. »Seine Sünde war nicht Sex«, führen die Ankläger an, »sondern die falsche Aussage unter Eid.« Überrascht war ich trotzdem, dass sich keiner aus der Filmcrew für das Verfahren gegen den Präsidenten interessierte. Wo doch auch die hundert und mehr TV-Kanäle nur von dieser einen Sache berichteten. Der Gastgeber einer familienfreundlichen TV-Morgenshow etwa versuchte, die Aufmerksamkeit auf ein Sachbuch zu lenken, »Der einstündige Orgasmus«. »Oh, Mann«, witzelte er, »eine Dreiviertelstunde reicht doch auch! Aber eine

Stunde …? Schafft das einer von euch?« Das Studio tobte, alte Damen, Teenager und Kinder riefen im Chor: »Ja!« Mit Hinweis auf den so genannten Clinton-Skandal fragte eine republikanische Kongressabgeordnete pikiert: »Wie sollen wir das nur unseren Kindern erklären?« Klüger wäre es, die Kinder zu bitten, den Eltern nahe zu legen, jenem Prozess, der albern anfing, um in Blödheit auszuarten, ein Ende zu bereiten.

Wegen Nebel dauerte die Heimreise insgesamt 24 Stunden. Nichts hat sich seit Sonntag verändert, nur meine Temperatur. Ich habe Fieber. Das Chaos ist immer noch angenehm. Und die Sicht gleich null.

6. Februar 1999

Rechtsanwälte küsst man nicht

Als ich jung war, hegte mein Vater die Hoffnung, dass ich eines Tages ein Anwalt werden möge. Er hat das getan, so glaube ich, weil er selbst gerne einer geworden wäre. Der Erste Weltkrieg aber hatte seine Ambitionen jäh zunichte gemacht. Er war 21 Jahre alt, als der Krieg ausbrach. Ich war 18, als der Zweite Weltkrieg begann. Doch das allein war nicht der Grund, warum ich nicht vermochte, meines Vaters Wunsch zu folgen. Ich erinnere mich noch, dass ich ihm antwortete, ich wolle Schauspieler werden. Nun, immerhin teilt die Schauspielerei mit der Juristerei viele Gemeinsamkeiten. Mit einem Unterschied: Für die Mitmenschen ist jene weit weniger gefährlich.

Man könnte nun argwöhnen, dass ich in dieser Sache voreingenommen bin. Ein berechtigter Verdacht. Aber tatsächlich gibt es einige Berufe, deren Ausübung ein Minimum an Wagnis verlangt. Ärzte werden immer lebenswichtig sein – besonders für Menschen, die noch sehr jung oder bereits sehr alt sind. Oder Leichenbestatter. Sie werden gebraucht, wenn das Leben bereits vorbei ist. Anwälte andererseits werden gerade von jenen benötigt, die in der Blüte ihres Lebens stehen. Auf allen anderen Berufen lastet ein mehr oder weniger großes Risiko. Die Existenz eines Bauern kann bereits vom Wahnsinn eines einzigen Rindes bedroht werden; die eines Fischers von einem Ölteppich; die eines Künstlers vom Wechsel des Geschmacks. Vielleicht hatte mein Vater gerade unter Berücksichtigung all dessen erhofft, dass ich dereinst einem Berufsstand angehören würde, der eine beinahe schon unanständige Sicherheit mit einem Gefühl der Würde verbindet. Einer Würde, die mir als voreingenommener Person geradezu ungerecht erschien.

Natürlich, auch die Rechtsprechung ist, wie vieles, von Trends geprägt. Aber nicht in der Weise, wie es die Künste sind. Es geht um die Verschiebung der Prioritäten. Ein Beispiel gefällig? Vor hundertfünfzig Jahren, in jener Zeit, als Charles Dickens beherzt die Grausamkeit des englischen Unterrichtssystems und die Brutalität der Kinderarbeit attackierte, verurteilte ein Richter mit durchaus hoher christlicher Moral ein Mädchen zum Tode durch den Strick. Warum? Weil es eine Geldbörse gestohlen hatte. Dieser Richter wäre heute fassungslos über unsere Reaktion auf sein Urteil. »Schließlich hat sie«, würde er selbstgerecht stammeln, »die Geldbörse gestohlen. Sie wusste doch, welche Strafe darauf geschrieben steht. In ihrem Alter hätte sie es eben besser wissen müssen, selbst wenn sie nicht lesen kann.«

So ist es eben, Anschauungen ändern sich. Die Hexenverbrennung ist Geschichte. Die Inquisition existiert zwar nach wie vor, wenngleich sie harmlos ausgeführt wird. Christen werden wegen ihres Glaubens nicht mehr den Löwen zum Fraß vorgeworfen. Auch der Weisheit eines Salomon würde man heute mit Skepsis begegnen. Niemand würde ernsthaft ein Baby zweiteilen.

Wie auch immer, überall in der zivilisierten Welt steht das Verhältnis zwischen dem geschriebenen und dem praktizierten Recht auf dem Prüfstand. In England, der Heimat der Unschuldsvermutung, sind Advokaten derart gekleidet, dass dadurch selbst auf einen Unschuldigen mehr als nur der

Schatten einer Schuld fällt. Mittelalterliche Kostüme haben ihren Ursprung in mittelalterlichem Denken. Und diese Aufmachung mit weißer Perücke und Talar ist dazu geschaffen, am Gewissen der Unwissenden zu rütteln, seien sie nun schuldig oder nicht.

Zur Zeit befinden sich die Rechtssysteme in einer Krise. Die Zahl ungerechtfertigter Verurteilungen mehrt sich; die Integrität der Polizei wird wegen zu vieler Fälle, in denen Geständnisse unter der Anwendung von Gewalt erzwungen wurden, in Zweifel gezogen; die Objektivität der Richter muss in jenen Ländern angezweifelt werden, in denen sie auch persönlich Untersuchungen leiten. Mit einem Wort, die Beugung des Rechts wird nicht länger hingenommen. Diese Tendenz wird in den USA geradezu auf die Spitze getrieben. Diese Nation ist so prozesssüchtig, dass es anzuraten ist, einen Anwalt zu engagieren, lange bevor irgendetwas schief läuft. Das Amtsenthebungsverfahren gegen Präsident Clinton diente dabei geradezu als Lehrstück. War es im Zusammenhang mit dieser Affäre notwendig, über die Verfassung zu diskutieren? Und hat Mister Clinton wirklich gelogen, als er meinte, dass der Geschlechtsakt nie vollzogen worden sei? Im Oval Office? Zumindest dort mussten die beiden doch ihre Kleider anbehalten haben, da ständig jemand wegen der Irak- oder der Jugoslawien-Krise hätte reinkommen können.

Es ist hier nicht meine Absicht, auf etwas herumzukauen, das längst schon vergessen ist. Ich möchte nur darauf hinweisen, dass es für die Senatoren schier unmöglich war, davon abzusehen, dass sie Anwälte sind. Verständlich, dass sie daher bis zum bitteren Ende hinter ihrem Klienten stehen mussten. In diesem Fall: ihrer Partei. Erst als die Schlacht verloren war, ergriffen einige von ihnen wieder ihr Wort als freie Menschen. So wie Schauspieler – und hier liegt die Ähnlichkeit dieser Berufe – ihre Charaktere während ihrer Auftritte nicht abstreifen können.

Und nun, da diese Farce vorüber ist, sehen wir eine Miss Monica Lewinsky härter arbeiten als je zuvor. Selbst wenn sie nur Bücher signiert. Warum ist sie so emsig? Na, warum bloß? Um ihre Anwälte bezahlen zu können, natürlich.

10. April 1999

Die Guten und die Bösen

Die Ereignisse schreiten in einem Tempo voran, dass man kaum Schritt halten kann. Eines aber ist gewiss: Wir stecken erneut in einem dieser modernen Kriege, in denen die Guten so gut wie keine Opfer zu beklagen haben und die Bösen gewaltige Schäden verzeichnen müssen – plus dem, was zynischerweise als »zusätzliche Verluste von Menschenleben« bezeichnet wird. Es ist zudem ein Krieg, unter dem jene am meisten zu leiden haben, die gar nicht über die materiellen Möglichkeiten verfügen, zu den Guten oder zu den Bösen zu gehören. Und dabei sind wir noch dazu aufgefordert, etwa die Bombardierung von Fernsehstationen gutzuheißen, weil damit der Propaganda ein Ende bereitet würde. Wohingegen der Nato-Sprecher nur die Wahrheit sagt – zwangsläufig ebenfalls mit dem schalen Klang von Propaganda.

Das alles ist nun nicht wirklich neu, doch spätestens jetzt sollten wir wissen, dass bewaffnete Konflikte nichts als Leben und Besitz zerstören. Jeder Krieg tendiert dazu, Meinungen zu verhärten und Vorurteile zu fördern. Schlimmer noch, Krieg macht die Menschen stur und verleitet dazu, ihn auch noch bis zum bitteren Ende zu führen. Der Weg in die gegenwärtige Situation war ironischerweise durch das Ende des Kalten Krieges vorgezeichnet. Denn die USA sind aus ihm als alleinige Supermacht ohne echten Gegner hervorgegangen. Das war auch der Grund, warum ein amerikanischer Militärexperte vor einigen Tagen im Fernsehen so ganz nebenbei eingestreut hat: »Wenn Jugoslawien über eine hoch entwickelte Armee verfügen würde, hätten wir sie schon längst zerstört.« Mit anderen Worten, es ist das traurige Paradox dieser Lage, dass der einzige Feind, der der amerikanischen Aufmerksamkeit etwas wert ist, die USA selbst sind.

Es scheint, dass die USA keine Lehren aus der Vergangenheit gezogen haben. Die großflächige Entlaubung des Dschungels von Vietnam geschah mit Hilfe des Giftes Agent Orange. Und zwar in der Hoffnung, so die gefürchtete nordvietnamesische Armee auszulöschen, weil sie dann bei Angriffen verwundbarer würde. Ein Versuch, der zwar fehlgeschlagen ist, aber tiefe Narben, die bis heute nicht ausgeheilt sind, hinterlassen hat. Oder Kuba. Die Pläne, Fidel Castro zu stürzen, haben sich ebenso nicht erfüllt. Auch die wiederholten Anstrengungen, Saddam Hussein aus dem Amt zu heben, zeitigten bisher nichts außer Frustrationen.

Der erste Golfkrieg wurde noch mit der Unterstützung des Sicherheitsrates geführt. Er war daher auch durch das Völkerrecht legitimiert. Beim zweiten Golfkrieg kamen aber bereits Zweifel über die Effektivität einer solchen Initiative auf. Besonders, da bald ersichtlich war, dass sich die Initiativen auf den Abschuss von Raketen und den Luftwaffeneinsatz beschränkten. Weitere Zweifel an der moralischen Autorität der anschließend verhängten Sanktionen und dem Einsatz der Gewalt kamen auf, als die einzigen Leidtragenden im irakischen Volk die Alten und die Jungen waren. Das Ergebnis dieser Erfahrung war, dass hartnäckige Befürworter operativer Angriffe zukünftig jegliches Risiko eines Vetos des Sicherheitsrates vermeiden wollten, indem sie die rechtlichen Möglichkeiten der UN gar nicht ausschöpfen wollten, sondern sich gleich an die Nato wandten.

Bevor wir dieses Thema abhaken, erinnern wir uns kurz an das US-Bombardement von Libyen. Es wurde befohlen, um damit Colonel Gaddafi zu einigen Konzessionen zu bewegen. Die Bomben aber bewegten gar nichts: Zwei Missionen durch Friedensnobelpreisträger Nelson Mandela brachten mehr ein als die Sprache der Gewalt. Das Ergebnis seiner Verhandlungen war, dass zwei mutmaßliche Terroristen für einen Prozess ausgeliefert wurden. Im Gegenzug wurden dann die Sanktionen gegenüber Libyen aufgehoben. Vielleicht könnte also Nelson Mandela zu einer Unterredung mit Slobodan Milošević bewegt werden. Er könnte ihn davon überzeugen, dass Apartheid zwischen zwei Völkern der gleichen Hautfarbe um nichts wünschenswerter ist als jene, die lange in Südafrika geherrscht hat. Seine Worte würden zweifelsohne überzeugender sein als die Geschwader der Stealth-Bomber und Apache-Helikopter. Denn die hochgezüchteten Waffensysteme, welche die USA in Sicherheit wiegen, haben schon in der Vergangenheit mehrmals enttäuscht.

Nun sind bereits sieben Wochen vergangen. Sieben Wochen, ohne dass jene, die lange Zeit erfolgreich der Nazi-Kriegsmaschine standgehalten hatten, kapituliert hätten. Gut, drei US-Soldaten wurden freigelassen. Und einmal glühte bei Vuk Drasković der gesunde Menschenverstand auf, als er Zweifel an seinem Präsidenten hegte. Was auch immer das Resultat der Nato-Angriffe sein wird, lasst uns beten, dass die Nato und die Politiker eines nicht vergessen mögen: Es waren die Friedensverhandlungen zwischen den

Siegern und den Verlierern, welche die gegenwärtige Situation geschaffen haben. Fehler wie diese dürfen nie wieder geschehen. Denn der Zerfall des Ottomanischen und des Habsburger-Reiches gab damals den politischen Würdenträgern in Versailles und so weiter die Carte blanche, um Völker wie Karten im Casino zu mischen und danach willkürlich auf der Landkarte neu zu verteilen. Bei der Konferenz von Jalta soll Winston Churchill zu Stalin gesagt haben: »Polen muss zwei Schritte nach links rücken.« Solche Aussagen führen dazu, dass Wunden nicht heilen können. Sie eitern und bringen den Frieden erneut in Gefahr.

15. Mai 1999

Das Millennium

*D*ieser Tage, so scheint es, gibt es eine geradezu außergewöhnlich hohe Anzahl an Jubiläen. Möglicherweise deshalb, weil das Millennium, der herausragendste all dieser Jahrestage, mit verstohlener Zwangsläufigkeit naht. Dieser oder jener unbekannte Komponist wäre dieses Jahr 200 Jahre alt geworden; dieser oder jener Maler ist vor fünf Jahrhunderten gestorben – und ihnen allen sind Hommagen und Retrospektiven in Konzertsälen und Galerien gewidmet. Warum sie in Vergessenheit geraten sind, erklären meist jedoch schon diese Veranstaltungen.

So weit, so gut. Die Zeit, in welche diese Jubiläen fallen, ist eine der eigenartigsten der Geschichte. Denn wenn man schon sonst keine Lehren aus diesem Jahrhundert ziehen will, eines hat es bewiesen: Der Versuch, ein politisches Dogma in der täglichen Praxis umzusetzen, war von Beginn an unweigerlich zum Scheitern verurteilt.

Über die absurden Theorien des Faschismus – die ethnische Säuberung, die zum größten Genozid in der Geschichte geführt hat – hatten schon Hitler und die Nazis die Kontrolle verloren. Auch die Ideale des Kommunismus gingen den Weg aller Dogmen – verschluckt von einer hoffnungslos aufgeblasenen Bürokratie, zerfressen von der ihr innewohnenden Tendenz zum Zusammenbruch. Jene Ideale, die in einer Mischung aus Menschlichkeit und Langeweile verloren gegangen sind, wie das endlose Kapitel all der Streitigkeiten bewiesen hat, die die Apparatschiks allzu gesprächig im Kongress ausgetragen hatten. Auch die religiösen Fundamentalisten haben denselben Weg eingeschlagen. Sie beschränkten sich in der Wahl der Mittel auf den Terrorismus als Ausdruck räuberischer Erpressungsversuche. Als Belohnung dafür, dass junge und unschuldige Menschen ihr Leben deren Zielen unterordnen, versprechen die Fundamentalisten einen raschen Weg in den Himmel – eine Versuchung, die ihren zynischen Charme nicht für immer beibehalten kann.

Je weiter dieses Jahrhundert voranschreitet, desto dramatischer entwickelt sich die Serie erschreckender Alternativen in der Geschichte des menschlichen Zusammenlebens. Und so überwältigt uns gerade heute – da sich zeigt, dass die Spielregeln der Demokratie derart missachtet werden – ein Gefühl großer Beschämung. Der allgemeinen Auffassung nach muss Milošević auch die Konsequenzen all seiner Handlungen tragen. Denn ethnische Säuberung und Genozid entstammen einer Gedankenwelt, die sich Europa wirklich nicht mehr länger leisten kann.

Wie auch immer, nach der Kapitulation des Kommunismus sind die Vereinigten Staaten die alleinige und uneingeschränkte Supermacht. Für die damit verbundenen Probleme sind die USA aber eher zu bedauern als zu beneiden. Präsident Bill Clinton hat, nachdem er den dümmsten Prozess dieses Jahrhunderts unbeschadet überstanden hat, dem Kongress auch vorgeschlagen, die Rüstungsausgaben um ein Vielfaches zu erhöhen. Mit dieser Initiative half Clinton seiner Popularität wieder auf die Sprünge. Eine Initiative, die vielen Beobachtern aber als reichlich seltsam erschien. Denn es gibt ohnehin auf der Welt keine andere Regierung, die derart hohe Summen für diese zweifelhaften Luxusgüter ausgeben kann. Zweifelhaft aus folgendem Grund: Es ist erst einige Wochen her, dass ein verstimmter US-Militärexperte die Meinung äußerte, dass Jugoslawien schon längst hätte besiegt werden können, besäße seine Armee nur technisch ausgeklügeltere Waffensysteme. Das ähnelt einem Boxkampf zwischen einem Zwerg und einem Riesen. Kein Experte würde darauf wetten, dass der Fight auch nur über eine einzige Runde dauerte. Der Riese käme nicht einmal in Reichweite des Zwergen. Und vom Zwerg bekäme der Riese höchstens den Haarschopf zu fassen. Nach Ende der dritten Runde hörte man den Trainer des Riesen brummen: »Wäre der Zwerg nur ein paar Zentimeter größer, hätten wir ihn längst k. o. geschlagen.«

Mit anderen Worten, die USA zogen aus Vietnam keine Lehren. Mehr noch: Ihre Technologie-Besessenheit hat auch die Nato angesteckt. Wie sonst hätten neunzehn Regierungen darauf vertrauen können, dass ein Krieg in nur wenigen Tagen zu gewinnen sei? Wie also kommt man aus diesem Fettnäpfchen, welches eines der rutschigsten der Geschichte zu werden droht, wieder heraus?

In einer Welt der Instant-Information gibt es kaum einen Job, der weniger beneidenswert ist als jener von Nato-Sprecher James Shea. Dieser muss Tag für Tag die Weisheit der Nato über das Fernsehen weitergeben und auch die Zerstörung der chinesischen Botschaft in Belgrad wie einen statistisch vernachlässigbaren Fehlschlag aussehen lassen. Man sieht: Wenn sich die technischen Kommunikationsmittel auch verbessert haben mögen – *wie* wir *was* einander mitteilen, hat sich überhaupt nicht geändert.

12. Juni 1999

Ein Wiedersehen mit Kaiser Nero

Eines der schönsten Ereignisse der letzten Wochen hat sich per Fax angekündigt. Giovanna Melandri, die italienische Kulturministerin, lud mich nach Rom ein, zur feierlichen Wiedereröffnung der renovierten, einst unter Kaiser Nero erbauten Villa Aurea. In ihrem Schreiben erwähnte Signora Melandri, dieses Ereignis wäre ohne die Anwesenheit des ursprünglichen Besitzers besagter Villa undenkbar. Am Vorabend des Festes wurde »Quo vadis?« auf einer riesigen Leinwand auf der Piazza del Popolo gezeigt. Ich sah mich dabei selbst, wie ich ein halbes Jahrhundert zuvor trotz langem Samtmantel mit geradezu beunruhigender Behendigkeit die Stufen hinauflief und mit ruchloser Gerissenheit die Zerstörung von Rom ausheckte.

Danach wurde ich aufgefordert, eine Rede zu halten. Auf dem Platz herrschte eine Stille wie zu den alten Zeiten der Toga und des Lorbeerkranzes. Zuallererst entschuldigte ich mein mittelmäßiges Italienisch mit der Ausrede, dass meine Muttersprache Latein sei. Danach beglückwünschte ich die charmante wie auch attraktive Kulturministerin und Roms jungen Bürgermeister, Signor Rutelli, dafür, was sie seit meinem Feuer aus dieser Stadt gemacht haben. Und dann lenkte ich die Aufmerksamkeit auf den Wandel der Zeit: Denn die Gewalt von einst wurde – zumindest in Rom – längst von einer größeren Menschlichkeit abgelöst. Als Symbol dieser Entwicklung bezeichnete ich das Kolosseum, einst Spielplatz brüllender Löwen, die nach Christen jagten, heute die Heimat aller herumstreunenden Katzen auf der Suche nach Wärme. Zu guter Letzt erwähnte ich die ungebrochene Vitalität der Ewigen Stadt, die jüngst Gastgeber einer der politisch bedeutendsten Konferenzen war, ein Meilenstein in der Geschichte der Gerechtigkeit. Damit meine ich die Konferenz zur Gründung eines Internationalen Strafgerichtshofes, an der insgesamt 148 Nationen teilnahmen.

In den Tagen des Römischen Reiches interessierten sich die Menschen vorwiegend für Ereignisse von lokalem Ausmaß. Die Nachrichten strömten langsam und unverlässlich aus den vier Ecken der damals bekannten Welt ein. Entscheidungen wurden eher mit Waffengewalt herbeigeführt als durch Diplomatie. Als Rom seinen vorherrschenden Einfluss verloren hatte und sich langsam auch andere Gemeinschaften heranbildeten, die ihren Platz im Kreis der Nationen einnahmen, steigerte sich das Interesse an der Welt allmählich. Es war das Zeitalter der Könige, der von Gott gewollten Ordnung, der religiösen Borniertheit und der Spaltungen. Dann folgte das Zeitalter der Entdeckungen und der Ausbeutung der Erde. Die industrielle Revolution brachte die Aufgabe mit sich, die Menschlichkeit im Lichte der unmenschlichen Maschinen zu bewahren. Autoren wie Charles Dickens machten auf die Barbarei der Kinderarbeit aufmerksam. Allmählich setzte sich dann die Einsicht durch, dass die Demokratie die beste aller möglichen Regierungsformen sei. Doch erhabene Gedanken reichten nicht aus, zwei grauenhafte Kriege zu verhindern. Immer noch erleben wir Erschütterungen als direktes Resultat der unzulänglichen und unversöhnlichen Friedensverträge zwischen Siegern und Besiegten vor mehr als

80 Jahren. Irak und Kosovo können dafür als Beispiele genannt werden.

Geschichte zeigt ihre Auswirkungen manchmal erst mit sehr großer Verspätung. Im Gegensatz dazu sind manche Entwicklungen rasch zu erkennen. Etwa dass politische Wahlen in Europa nicht mehr jenes inbrünstige Interesse erregen, das sich Politiker erhoffen. Denn die politischen Möglichkeiten sind so sehr von wirtschaftlichen Erfordernissen eingeschränkt, dass sich die Öffentlichkeit gegenüber Wahlversprechen skeptisch verhält. Kaum ist eine Wahlschlacht geschlagen, lösen sich die Unterschiede zwischen den einzelnen Parteien auf. Dies führt unausweichlich zu einer Form der demokratischen Macht, die nicht auf Wahlen, sondern auf dem Bedürfnis der Öffentlichkeit basiert. Wenn dem nicht so wäre, würden die etwa 800 regierungsunabhängigen Organisationen, die wie Pilze nach einem Regen aus der Erde schossen, nun ohne Arbeit dastehen.

Regierungen verfügen zwar über Außenministerien, aber auch deren Denkweise richtet sich vorwiegend nach innen. So wie die Vereinten Nationen denken *Non-Governmental Organizations* (NGO) per se global. Das Treffen in Rom zur Schaffung eines Internationalen Strafgerichtshofes ist daher als erste wirkliche und ernsthafte Zusammenarbeit zwischen demokratischen Regierungen und regierungsunabhängigen Organisationen und damit als ein Triumph zu bezeichnen. Natürlich gab es Widerspruch, obgleich man sich einig war, dass der Globalisierung des Handels die Globalisierung der Kriminalität folgen musste, ist doch organisierte Kriminalität ohne Handel undenkbar. Das Ergebnis der Abstimmung war erstaunlich, es rief Tränen der

Rührung, lautes Jubeln und bedrücktes Schweigen hervor. Für den Internationalen Strafgerichtshof stimmten 120 Staaten, 21 enthielten sich der Stimme, sieben waren dagegen – unter ihnen die USA, die sich so in Gesellschaft von Irak, Iran und von China befanden. Das überrascht kaum, denn auch die Konvention für die Rechte des Kindes, ein viel weniger umstrittenes Dokument, ist von allen Nationen ratifiziert worden – mit Ausnahme von Somalia und den USA. Offenbar glaubt die Weltpolizei, manches besser beurteilen zu können als der Rest der Welt.

17. Juli 1999

Ein Geograph und die Geschichte

Neulich am Morgen stieß ich auf einen erstaunlichen Artikel in der *Tribune de Genève*. Es war ein Bericht von nicht wirklich brennender Aktualität – und doch kam er zur richtigen Zeit. Darin nämlich wurde eine dieser einzigartigen Persönlichkeiten vorgestellt, die den Lauf der Geschichte vorherzusehen schienen und dann selbst in Vergessenheit gerieten: Élisée Reclus. Ein Name, der zu interessant klingt, um echt zu sein, aber dennoch kein Pseudonym ist. Von seiner Ausbildung her ein Geograph, wurde Reclus vom Establishment seiner Zeit sehr geschätzt, zugleich aber begegnete man seinem Schaffen sehr misstrauisch. Über dieses fehlende Vertrauen lässt zumindest sein Gesicht mit dem gepflegten Bart und den scharfsinnigen Augen keine Rückschlüsse zu. Tatsache ist, Reclus war Anarchist und ein Freund des berüchtigten Fürst Kropotkin. Und das zu einer Zeit, als Anarchismus mit Bombenwerfen und anderen gedankenlosen Reaktionen auf die Belastungen unserer Existenz gleichgesetzt wurde und nicht wie heute mit religiösem Fundamentalismus und bestimmten anderen Formen des Hasses. Das mächtige Verlagshaus Hachette – das heute wahrscheinlich noch bedeutend einflussreicher ist – beauftragte nun diesen weichen Anarchisten mit einer über Jahre dauernden Studie zu einer monumentalen universalen Erdkunde. Von den späten siebziger Jahren des vergangenen Jahrhunderts bis ins Jahr 1899 sollten davon wöchentlich jeweils 16 Seiten veröffentlicht werden. Hachettes einzige Vorgabe war, dass dieses Werk keine politische oder religiöse

Färbung haben solle. Eine weise Vorsichtsmaßnahme, dachten die Herausgeber, denn Reclus war bereits einmal aus seiner Heimat Frankreich verbannt worden – wegen seiner Teilnahme an einem Aufstand, der heute als »Pariser Commune« bekannt ist, und wegen der Herausgabe eines Pamphlets in der Schweiz namens »Le Révolté«.

Heute, mit dem Abstand von mehr als einem Jahrhundert, sieht es ganz so aus, als hätte Hachette sich vor der ungewöhnlichen Überzeugungskraft von Reclus' Analysen gefürchtet. Man betrachte etwa nur einmal den Artikel, den er über Nordirland verfasst hatte. Dieser nämlich bringt den Leser zur Erkenntnis, dass, wenn eine schlechte Angewohnheit zu lange gestattet, sie zur Tradition und daher später nicht mehr in Frage gestellt wird. »Rationaler und religiöser Hass machten aus Belfast die Heimat der Körperverletzung und blutigen Straßenkämpfe par excellence. In der Tat geschieht es kaum, dass der erste Juli – der Jahrestag der Schlacht von Boyne – ohne Mord- und Totschlag und das Abfackeln von Häusern vorbeigeht. Die Protestanten, die Gegner der irischen Unabhängigkeit, haben sich in Voraussicht des unvermeidbaren Konflikts wie Freimaurer in Logen organisiert. *Orange* ist ihr Schlachtruf, und zu ihrer Habe zählt ein Band der gleichen Farbe. Vergeblich haben die Verantwortlichen versucht, die hartnäckigen Reihen jener Ausländer zu lichten, die es sich ausgerechnet auf Irlands Boden zur Aufgabe gemacht haben, jedermann an ihre Niederlage und die Versuche der politischen Versklavung zu erinnern.« Hundert Jahre später hätte man beinahe dasselbe schreiben können.

Ein anderes Volk mit einer offenkundigen Neigung zu einer Niederlage, die nach Rache schreit, sind die Serben im Kosovo. Folgendes hatte Reclus über sie zu sagen: »In den Herzen aller Jugoslawen ruft die Ebene von Kosovo, dieses melancholische Amselfeld, schmerzhafte Erinnerungen hervor. Denn genau dort wurde anno 1389 die Macht der Serben zerschmettert. Alten heroischen Balladen zufolge wurden ebendort Hunderttausende Männer an einem Tag niedergemetzelt. Bis heute haben die Serben nicht davon gelassen, nach Rache zu schreien. Und genau auf diesem Feld im Kosovo, wo so viele ihrer Vorfahren ihr Leben lassen mussten, wollen sie die Unabhängigkeit ihres eigenen Volkes wiederherstellen.« Milošević hätte das hundert Jahre später nicht besser formulieren können. Einziges Problem dabei ist, dass der einstige Feind sich längst hinter entfernte Grenzen zurückgezogen, die Religion als Spur seines Einflusses aber hinterlassen hat.

Eines der auffälligsten Paradoxe unserer Zeit ist, dass zwar alle Religionen Liebe und Toleranz predigen, in der Praxis aber genau das Gegenteil beweisen – und Religion noch heute einen trennenden und negativen Einfluss ausüben kann. So hatte Reclus über die Bosnier geschrieben: »Wenn die Bosnier zum Großteil auch die Herkunft eint, sind sie doch durch den Glauben getrennt. Bereits Moslems und Christen sind Gegner, und es gibt auch eine tiefe Kluft bei den Christen – zwischen den griechisch-orthodoxen und den römisch-katholischen.« Und zu guter Letzt, Reclus über Washington – hundert Jahre vor Clinton: »Man kann behaupten, dass auf Regierungsebene die moralischen Prinzipien allmählich verschwinden. Die Regierung wird immer mehr Spezialisten überlassen, die seit ihren Jahren am College zu Politikern geformt wurden. Dort lernten sie die

Kunst der Rede, nicht um Ideen auszudrücken, sondern um die Wähler zufrieden zu stellen – und sich in der noch einträglicheren Praxis zu üben, die Gefühle und die Einfältigkeit anderer auszunützen.« Nun kann sicher daran gezweifelt werden, ob die Richtlinie des Herausgebers über den Ausschluss von Politik und Religion aus diesem ungewöhnlichen Dokument bei seinem Autor erfolgreich angekommen ist.

21. August 1999

Goethes Genius und der Durst nach Rache

Sommer, das ist jene Jahreszeit, die man zuerst herbeisehnt, dann viel zu kurz genießt und der man später nachtrauert wie der Zeitspanne zwischen dem Erwachsenwerden und dem Beginn des Alterns. Die Natur zeigt sich dabei von ihrer verschwenderischsten Seite. Das Gras, die Blumen und die Blätter blühen so üppig, dass die Gärten kleiner als zu den übrigen Jahreszeiten scheinen. Wenn aber jäh das erste Herbstblatt vom Baum fällt, erscheint uns dies wie ein Schlag ins Gesicht und erinnert uns an die Vergänglichkeit aller Dinge. Ebenso werden wir gewahr, dass die Freuden des Sommers nicht allein für die Vernünftigen und Ausgeglichenen da sind. Der Sommer ist auch der geeignete Termin für ganze Regimenter von Spielverderbern, die seit jeher mit der Welt ihr Unwesen treiben. Deren Plan ist es, zu Beginn des Sommers loszuschlagen, um vor Einbruch des Winters zu einem Ende zu finden. Denn Kriegshetzer haben es so an sich, dass sie einen Sieg ihrer eigenen Brillanz zuschreiben, eine Niederlage hingegen als verschwörerische Einmischung des Winters sehen – der häufig mit der Vorsilbe »General« versehen wird. Der militärische Verstand erdreistet sich, die schönsten Landstriche lediglich als Infanterie-Aufmarschplätze mit guten oder aber beschränkten Verteidigungsmöglichkeiten zu kategorisieren. Aber jene, die mit den Säbeln rasseln, denken nie daran, dass ihr Vorstoß auch die eigenen Reihen beeinflusst. Denn auch diese müssen ihren Urlaub unterbrechen, um überhaupt jenen der Feinde unterbrechen zu können.

Wie auch immer, falls sich Geschichte tatsächlich wiederholt, dann üblicherweise nicht aus denselben Gründen. So wie uns eben auch der unerbittliche Lauf der Natur jedes Mal aufs Neue überrascht. Wenn im Herbst das erste Blatt vom Baum fällt, kommt das immer überraschend, immer unwillkommen und geschieht völlig außer unserer Kontrolle. In Wirklichkeit geht es um den Kampf zwischen Mensch und Natur, wobei der Mensch eine verständliche Vorliebe für die Beibehaltung des Status quo hat, die Natur hingegen ständig im Fluss ist. In Nordirland etwa wird nach wie vor einer verlorenen Schlacht im 17. Jahrhundert nachgetrauert. Und wie Fußball-Hooligans, die nicht hinnehmen können, dass ihre Mannschaft verloren hat, gibt es immer noch jene, die ein »Rückspiel« fordern. Die letzte Schlacht im Kosovo liegt noch viel weiter zurück – um exakt zu sein: im Jahre 1389 –, und der Sieger von damals ist längst über die Berge.

Der Staub der Geschichte hat seine Siege gefordert, und diese sind so tief verwurzelt, dass sie den Lauf der Natur behindern können, selbst wenn sie ihn nicht völlig stoppen können. Lasst uns also danken, dass uns diese Unfähigkeit, die Geschichte zu akzeptieren, nicht alle zu grotesken Figuren macht. Denken Sie nur einen Moment lang an die grauenhaften Möglichkeiten. Britische Wirrköpfe, die, nach wie vor verärgert über den Sieg der Normannen in der Schlacht von Hastings anno 1066, beim Ärmelkanal aufmarschieren, um mit Schirm und Melone den anderen Namen dieser Schlacht zu feiern: Senlac oder See des Blutes. Ihr Ziel wäre, französische Autos daran zu hindern, William dem Eroberer in das Herz Englands zu folgen. Oder spanische

Frömmlinge eines quichottschen Ordens, die eine Armada in den Ärmelkanal führen, um englische Segler zu einer ungleichen Seeschlacht zu provozieren. Deren Absicht wäre, in Canterbury einen katholischen König zu krönen. Oder schwedische Spinner, die, verärgert über den Sieg von Peter dem Großen bei Boltawa, Rentiere in die Ukraine schicken, damit diese – in einer wohl durchdachten, friedfertigen skandinavischen Sabotage-Aktion – an der schwarzen Erde der Ukraine nagen. All dieser Wahnsinn rührt aus der Verbitterung über Niederlagen her. Denn kein Sieg wurde je mit vergleichbarem Groll gefeiert.

Doch gehen wir zu etwas Konstruktiverem über. Zu jenen, die erkannt haben, dass die Welt ständig in Bewegung ist und dass die Erneuerung gerade von dieser Bewegung abhängig ist. Jüngst drückte die Oberbürgermeisterin von Frankfurt am Main, Frau Petra Roth, den Wunsch aus, den Geburtstag des größten Sohnes dieser Stadt zu feiern. Sie entschied, dass es im Sinne von Goethes Genius sei, seinen Geburtstag zum Anlass der Würdigung auch anderer bedeutsamer Menschen zu machen. Eine derart generöse Geste hätte Goethe sicher geschätzt. Desgleichen hätten ihm das Festessen und die Reden der Festgäste zugesagt. Die Eröffnung fiel mir zu, mit einer knappen Rede über Shakespeare. Zuerst nahm ich Bezug auf Goethe, da ich in der Schule in England praktisch nichts über ihn gelernt hatte – außer dass er gelebt hat und wie man seinen Namen ausspricht. Unser Wissen über den bedeutendsten Geist, der sich in Deutsch ausgedrückt hat, wäre ein wichtiges Gegenmittel gegen die Intoleranz der Kriegspropaganda in jenen Jahren gewesen.

Ich plädierte daher für einen besseren Unterricht in den Schulen. Auch dafür, die nationale Geschichte jeweils im Zusammenhang mit der Weltgeschichte zu lehren. Denn es ist gerade das Beklagen einer desaströs verlaufenen nationalen Geschichte, das den Durst nach Rache schürt. Bevor es so weit kommt, sollte man sich an die Worte eines Doktor Johnson aus dem späten 18. Jahrhundert erinnern: »Patriotismus, Sir, ist die letzte Zuflucht der Schurken.« Auch dieser Doktor Johnson war ein bedeutender Mann.

25. September 1999

Die Parade der Pyjamas

*M*an nimmt heute zu Recht an, dass Serienkiller eine schlimme Kindheit durchlitten haben. Schon die kleinste Saat der Gewalt, so heißt es, ziehe Schreckensphantasien nach sich, die Monster heranwachsen lassen können. Niemand von uns ist gegenüber derartigem Einfluss völlig immun, nicht einmal im Alter. Eben deswegen versuchte ich jüngst, mich selbst zu analysieren. Keine Panik. Auch wenn meine Kindheit sehr eigenartig war, verlief sie für ein Einzelkind nicht ungewöhnlich. Ich kann daher ehrlich behaupten, nie die Energie aufgebracht zu haben, geschweige denn auf den Geschmack gekommen zu sein, ein Serienmörder zu werden. Mein Problem hingegen war stets und ist heute noch eine Aversion gegen den blinden Gehorsam beim Salutieren.

Es leuchtet ein, dass für andere eine gefühlsarme Mutter oder ein gewalttätiger Vater das Problem gewesen sein mag. In meinem Fall waren es die viereinhalb Jahre in der Armee. Ich wusste, dass sich alles, was ich unter diesen widrigen Umständen erleben musste, mit der Zeit als Sammlung liebenswerter, grotesker Anekdoten herausstellen würde. In der Zeit des Krieges – und ich hoffe, so eine Zeit kehrt niemals wieder – wurde mir gesagt, ich tue meine Pflicht, wenn ich mich von jenen, denen die Gabe der Konversation nicht zuteil wurde, anbrüllen lasse. Natürlich, damals galt es, Hitler zu besiegen. Ich wünschte nur, ich hätte bei dieser Notwendigkeit eine größere Rolle spielen können. Aber ich war eben damit beschäftigt, meine Pflicht zu tun. Immer noch erinnere ich mich an die alte Meinung, welche die Armee als eine Art Therapie betrachtet: »Mache einen Mann aus ihm, sofort!« Was für eine Art von Mann? Männer wie US-Marines, die in der Truppe bis zur Erschöpfung Sprüche brüllen? Die Individualität dadurch vorexerzieren, dass sie sich wie Zombies mit konditionierten Reflexen und eingelullten Gehirnen verhalten?

Das sieht jetzt vielleicht so aus, als hätte ich bei der Selbstanalyse meinen Humor eingebüßt. Ich hoffe nicht, denn Humor war in diesen schweren Tagen überlebenswichtig. Schon in der Schule zeigte ich alle Anzeichen zukünftiger Korpulenz. Aber ich lernte früh, meine Mängel zu kultivieren und Mitschüler und Lehrer durch meine Unbeholfenheit zum Lachen zu bringen. Später entwickelte ich eine Abneigung gegenüber Uniformen, die meiner Ansicht nach die schlimmste Seite der menschlichen Natur nach außen kehren, weil sie ihren Trägern den Stempel der Autorität verleihen. Wie oft beobachtete ich Ereignisse wie den Stapellauf eines Kriegsschiffes oder eine Kranzniederlegung und stellte mir dabei die Würdenträger nackt oder – noch entwürdigender – in Pyjamas und Nachthemden vor. Selbst jetzt, wenn sich mir ein Polizist nähert, um mir einen Strafzettel zu überreichen, mache ich mich vorsorglich auf den entstehenden Konflikt gefasst, wenn ich mir diesen Burschen im Pyjama vorstelle. Das wirkt. Meine Abneigung gegenüber Uniformen schwindet, weil ich mir vorstelle, es mit einem mir Gleichgestellten zu tun zu haben, der gerade aus dem Bett geholt worden ist. Einmal wurde ich in Kanada von einer Hexe in Uniform beleidigt. Diese Person war dabei so grauenhaft in ihrer Erscheinung, dass ich es nicht wagte, sie mir ohne Uniform vorzustellen. Sie befahl mir, meine Taschen zu leeren. Ich zeigte meine natürliche Abneigung, und sie kreischte: »Sie verweigern?«

Noch bevor ich darauf reagierte, rief sie einen Kollegen von der berittenen Polizei herbei. Trotz seiner Größe von fast zwei Metern konnte sein ängstliches Gesicht kaum darüber hinwegtäuschen, dass er wohl niemanden einschüchtern kann. Sofort stellte ich ihn mir in einem gestreiften Pyjama vor. »Seltsam, wie wenig beeindruckend Sie ohne Pferd wirken«, sagte ich von Mann zu Mann, von Schuldigem zur Uniform. Er lächelte verlegen. »Ich kann doch mein Pferd nicht zum Flughafen bringen«, antwortete er näselnd. Bevor die Hexe die Gelegenheit beim Schopf packen konnte, unterbrach uns ein gleichrangiger Sicherheitsbeamter und bat um ein Autogramm für seine Tochter Leyla. Er war ein Hindu. Die Frau fauchte, er solle sich um seine Angelegenheiten kümmern. Er erwiderte: »Ich beobachtete diesen distinguierten Gentleman, als er das Sicherheits-Gate passierte, und wollte diese Gelegenheit nicht ungenützt vorübergehen lassen.« Distinguiert? Völlig perplex starrte mich die gehässige Kreatur an und entschwand, um andere Reisende zu belästigen. Als ich mich beim Hindu bedankte, meinte der: »Ich konnte nicht mit ansehen, wie Sie behandelt wurden. Übrigens, ich bin nicht verheiratet. Ich habe auch keine Tochter namens Leyla.«

Ist mein Vorurteil nun mehr denn je gerechtfertigt, weil am nächsten Tag eine uniformierte Person der jüngsten Vergangenheit die Aufmerksamkeit auf sich zog, der Nato-Oberbefehlshaber von Europa, General Wesley Clark? Ich stellte ihn mir im Pyjama aus seidenem Tarnnetz in Khaki vor. Er hatte darauf beharrt, dass der Krieg durch den Einsatz der Armee gewonnen wurde. Der Beweis? Die Serben kämpfen nicht mehr und werden nicht länger bombardiert. So einfach ist das. Kein Wort über die Verwirrung, den ein Nato-Einsatz, der nichts außer vermehrter Zerstörung und höheren Opferzahlen bewirkt hatte, hinterlassen hat. Wie lautete noch jener Ausspruch von Clemenceau? »Krieg ist eine zu ernsthafte Angelegenheit, um sie dem Militär allein zu überlassen.«

23. Oktober 1999

Warum ich Wien so liebe

*D*iese Woche lernte ich wie eine Katze zu schnurren. Warum sich deswegen Gedanken machen, mögen Sie sich nun fragen. Schnurren Katzen nicht besser und um vieles wirksamer, als wir je könnten? Stimmt. Aber schnurren spiegelt eben meine Stimmung wider. Es drückt weder Aufregung noch Ekstase, sondern tiefste Zufriedenheit aus. So vergebt mir also, Katzen, ihr habt nun einen Schnurrer in eurer Mitte. Lassen Sie mich das erklären. Allein nach Wien eingeladen zu werden ist eine wahre Freude. Dann versprachen diese Reise in unerwartet helles Sonnenlicht und die Ankunft in Schwechat mit seiner Zurschaustellung von Mozartkugeln und anderen Nebenprodukten österreichischer Kultur gleich noch mehr Freuden. In der Stadt angekommen, wichen alle leichtfertigen Aspekte meines Besuchs einer herzlichen Liebkosung durch eine moderne Gesellschaft, die zwangsläufig vom verführerischen Geist der k.u.k.-Ära erfüllt ist. Es gibt wenige Städte, in denen die Mischung von Moderne und Vergangenheit eine derartige Grazie angenommen hat.

Nun aber der Grund für mein Schnurren.

Als ich in London erzählte, dass ich vom »Verband des Österreichischen Buchhandels« ausgezeichnet wurde, reagierte man spontan – besonders die Buchhändler. »Buchhändler vergeben keine Preise«, hieß es unisono, empört, dass eine solche Großzügigkeit als normal erachtet werden sollte, »das ist Aufgabe der Kritiker.« Möglich. Obwohl ich selbst mehr Wert auf eine Auszeichnung durch Buchhändler als durch Kritiker lege. Und zwar aus dem simplen Grund, weil Buchhändler mehr Zeit mit einem Buch in den Händen verbringen als Kritiker, die es sich häufig zur Pflicht machen, Tag für Tag ein neues Buch zu lesen.

Lassen Sie mich aus der Urkunde zitieren, die mir während einer wunderbar langatmigen Zeremonie im Wiener Rathaus überreicht wurde: »Ehrenpreis des Österreichischen Buchhandels für Toleranz in Denken und Handeln«. Was könnte mir in meinem Alter mehr schmeicheln als eine derartige Auszeichnung? Das ist bei weitem erfreulicher, als nur für hervorragende Qualität geehrt zu werden! »Kulturelles Verständnis und Demokratie stehen in zahlreichen seiner Erzählungen, Romane und Theaterstücke im Mittelpunkt.« Damit bin ich einverstanden, obwohl ich nie auf das Verständnis anderer, geschweige denn der Buchhändler hoffte, vor denen ich plötzlich einen enormen Respekt hatte. Ich weiß nun nicht, wem ich persönlich danken sollte. Denn die zwei Unterschriften auf der Urkunde sind so unleserlich wie das Rezept eines Apothekers. Doch vielleicht schützt das nur vor einer möglichen Bestechung.

Lassen Sie mich nun einen früheren Fall erwähnen, der, was das Erfreuliche betrifft, nichts mit diesem zu tun hat, im Gegenteil. Vor langer Zeit schrieb ich für die Zeitschrift *Atlantic Monthly* die Kurzgeschichte »Add a dash of pity«. Sie handelt von einem jungen Historiker, der für ein Lexikon einen Beitrag über den Zweiten Weltkrieg überarbeiten sollte. Er ging ohne Enthusiasmus ans Werk, im Glauben, dass sich seither nichts geändert hätte. Zufällig aber stieß er bei seinen Recherchen auf einen pensionierten Oberst. Er war in den kurz zuvor erschienenen Memoiren eines Generals diffamiert worden, weil er dessen Anordnung missachtet haben sollte. In der Tat, auf Initiative des Obersts war damals ein wichtiger Feindesposten eingenommen worden – nur um dann mit großen Verlusten wieder geräumt zu werden, da die erfolgte Einnahme nicht mit des Generals Plan konform gegangen war. Der Oberst weigerte sich jedoch, den General dafür verantwortlich zu machen: »Am letzten Kriegstag verlor er seinen einzigen Sohn. Meine Schultern sind breit genug, seine Schmähung hinzunehmen. Seine sind es nicht, um meine gerechtfertigten Anschuldigungen zu ertragen.«

So geschah es, dass ein berühmtes Verlagshaus davon erfuhr, dass Admiral Chester Niemitz, der Sieger vieler Schlachten im Pazifik, praktisch der einzige bedeutende Mann in diesem Krieg war, der keine Erinnerungen veröffentlicht hatte. Der Verleger bat ihn also, seine Biographie zu schreiben. Der Admiral verweigerte mit dem Hinweis, dass er genug über Atlantikschlachten gelesen und daraus gelernt hätte, welchen vernichtenden Nebeneffekt es hat, den Standpunkt der einen Seite zu veröffentlichen, wenn man der Gegenseite keinen Platz einräumt. Diese Antwort war eine überwältigende Lektion sowohl in echter Demokratie als auch Anlass für mich, mich wieder an meine Jugend, in der ich vier Jahre als Soldat diente, zu erinnern. Damals griff ich in meiner Kurzgeschichte das Urteil jenes Admirals an, weil dadurch der Welt ein Buch vorenthalten worden sei, das wichtig für unser Verständnis gewesen wäre. Erneut danke ich den Buchhändlern: dafür, mir nun diese Angelegenheit aus meinem Geist vertrieben zu haben.

Und nun schnurrt eine zerzauste Katze am Fenster. Sie – oder er – ist uns zugelaufen. Vielleicht habe ich es mit dem Schnurren übertrieben, seit unser geliebter Hund vergangenen Winter gestorben ist. Auf jeden Fall will die Katze herein, um in die verlassene Hundehütte im Hof zu ziehen. Sie hat die unangenehme Eigenschaft, tote Vögel vor der Haustür abzulegen – sozusagen als Miete. Zum Glück ist heute keine fällig. Aber da ich einen Preis für Toleranz bekam, ist es Zeit, mich in dem zu üben, was ich predige. Also, Katze, ich lasse dich jetzt besser herein.

20. November 1999

Erbarmen mit der Barmherzigkeit

Ob sich die außergewöhnliche Geschwindigkeit des technischen Fortschritts im letzten Jahrhundert auf die menschliche Natur ausgewirkt hat? Zweifellos, denke ich. Dennoch muss ich feststellen, dass es deswegen keine auffallende Verbesserung in der Qualität des Dialogs zwischen den Völkern gibt. Und das, obwohl die Geschwindigkeit der globalen Kommunikation nunmehr erlaubt, auf jedes Ereignis am anderen Ende der Welt nur Sekunden später zu reagieren. Wir durchleben etwa jede schreckliche Sekunde einer Flugzeugentführung, deren Verlauf unserer Phantasie freien Raum lässt, weil sie fern von uns vor sich geht. Dies kann natürlich nicht ohne Folgen bleiben, besonders weil sich dabei ein Gefühl der Schuld einschleicht, da wir Zeuge werden, ohne dabei ein Risiko einzugehen. Davon sind auch Entscheidungsträger auf höchster Ebene betroffen. Und zwar mit der Konsequenz, sich ihre persönliche Meinung zu Fragen zu bilden, die vormals zur Geheimniskrämerei öffentlicher Angelegenheiten zählten. Als General Pinochet infolge eines von einem spanischen Richter ausgestellten internationalen Haftbefehls in England festgehalten wurde, verursachte das großes Aufsehen. Mehr noch. Es schuf einen Präzedenzfall, denn nie zuvor wurde ein ehemaliges Staatsoberhaupt von einem Staat, der davon nicht direkt betroffen war, für Verbrechen gegen die Menschlichkeit verantwortlich gemacht. Dass Pinochets Gefühl für Sicherheit bereits getrübt war, bewiesen seine nachmittäglichen Teestunden mit einer entrüsteten Lady Thatcher. In der Tat, in einer von wachsender globaler Aufmerksamkeit geprägten Welt ist Verantwortlichkeit keine Frage mehr von nationalen Grenzen. Wenn sich die britische Regierung in diesem Fall dafür entschied, dass Pinochet zu alt sei, um vor Gericht zu stehen, sollte das niemand enttäuschen. Denn Mitgefühl ist im politischen Leben immer willkommen – da es so selten vorkommt. Keine Persönlichkeit, mag sie auf lokaler Ebene von noch so großer Bedeutung sein, wird sich künftig für ihre Taten von der Verantwortung freisprechen können, sofern sie mit der Verletzung fundamentaler Menschenrechte verbunden sind. Und das ist hier beileibe nicht die einzige Besonderheit. Denn seither ist keine noch so prominente Persönlichkeit davor gefeit, tief zu fallen, falls ihr Schuld nachgewiesen werden kann.

Was aber ist mit jenen, die sich nicht im Licht der Öffentlichkeit gesonnt haben? Warum sollte dem greisen Pinochet unser Mitgefühl gelten, während Konrad Kalejs, ein aus Lettland stammender angeblicher Kriegsverbrecher mit australischem Pass, lediglich auf einen Verdacht hin gejagt wird? Bereits jetzt kam diesem die resolute Verteidigung durch die australische Justizministerin zugute, wenngleich der von ihr gewählte Ton auf den Druck hinweist, dem sie dabei ausgesetzt war. Kalejs, der mutmaßliche SS-Mann, ist älter als Pinochet. Wohingegen das Ausmaß ihrer Verbrechen eine Angelegenheit für den unzuverlässigen Maßstab der Justiz ist: Barmherzigkeit ist etwas, das keinen Rang und keine Bevorzugung kennt. Der vielleicht offenkundigste Fall von zweifelhafter Moral ist jener des knapp 90-jährigen Maurice Papon. Er wurde vor zwei Jahren wegen der Kollaboration mit den Nazis zur Zeit des Vichy-Regimes verurteilt. Noch vor seiner Anklage aber genoss Papon hohes politisches Ansehen und war unter dem früheren Staatspräsidenten Valéry Giscard d'Estaing sogar zum Minister aufgestiegen.

Am anderen Ende der Skala haben wir das Beispiel eines liebenswürdigen sechsjährigen kubanischen Jungen. Er wurde auf offenem Meer zwischen Kuba und Florida aufgefunden, nachdem seine Mutter bei dem unglücklich verlaufenen Fluchtversuch das Leben verloren hatte. Sein Vater war – aus welchen Gründen auch immer – auf Kuba geblieben. Doch plötzlich ergriff er die Initiative, um seinen Jungen wieder nach Hause zu holen. Die offiziellen Stellen in den USA gaben dem Wunsch des Vaters Recht, und der Junge wurde trotz gewaltsamer Proteste weitentfernter Verwandter in Florida auf seine Heimfahrt vorbereitet. Dann betrat der US-Kongressabgeordnete Dan Burton die Arena, um dem Jungen eine Vorladung als Zeuge vor Gericht zukommen zu lassen. Diese Angelegenheit verzögerte die Heimreise um drei Wochen. Drei Wochen, in denen der Junge einer Gehirnwäsche ausgesetzt war. Denn auf einmal sahen wir ihn stolz mit zum Victory-Zeichen erhobenen Fingern in der aufgebrachten Menge protestieren. Kein Wunder. Wer hätte im Alter von nur sechs Jahren nicht ein wenig Freude, nachdem er beinahe ertrunken wäre? Dan Burton erklärte, dass dessen Mutter ihr Leben verlor, weil sie die Freiheit gesucht habe, und es daher im Sinne der Mutter sei, ihren Sohn in den USA zu behalten.

Das wirft ein bezeichnendes Licht auf die wahren Werte des Herrn Burton. Kinder aber sind verletzlicher als alte Diktatoren, die in ihrem Leben schon alles gesehen haben.

Noch unvergessen ist der Albtraum des Schweizer Jungen, der in Handschellen vor die amerikanische Justiz treten musste, bevor er zu seinen Eltern nach Hause reisen durfte. Welche Erinnerungen werden diesen Kindern wohl bis ins Erwachsenenalter bleiben? Und wird es der Barmherzigkeit einmal erlaubt sein, sich genauso deutlich zu äußern wie der nüchterne Buchstabe eines Gesetzestextes?

5. Februar 2000

Über das Echo uralter Konflikte

Armes Österreich! Als wenn es vor diesem jetzigen Ansturm von selbstgerechter Feindseligkeit nicht genug aushalten musste in den letzten hundert Jahren. Um ehrlich zu sein: Es ist leicht, die Ängste der Europäer zu verstehen, sogar wenn sie unangemessen sind. Die Demokratie für die zivilisierteste Art der Regierung zu halten ist richtig, weil sie Vertrauen in die Reife und Intelligenz der Menschen setzt. Die heimliche Sorge ist aber, dass auch Hitler durch demokratische Mittel an die Macht gelangte. Wie Haider. Mindestens dies haben sie gemeinsam. Abgesehen davon: Hitler ersetzte jenen Teil der Welt, der direkt von der bloßen Obszönität, von der niederschmetternden Grobheit seines Wortschwalls und von der Geschmacklosigkeit seines ästhetischen Sinnes betroffen war. Denn wer sonst würde ein braunes Hemd als Symbol der Autorität wählen? Haider hat – bis jetzt – nichts vom gleichen Ausmaß getan – außer Winston Churchill zu verleumden und seine provozierenden Meinungen über ein breites Spektrum von Themen von sich zu geben. Die meisten davon hat er widerrufen, sobald seinem Gedächtnis nachgeholfen wurde. Hitler hielt seine Äußerungen für einen Teil seines Kampfes. Wird Haider sein nächstes Buch »Meine Widerrufe« nennen?

Aufgepasst! Ich habe absolut keine Lust, Meinungen über eine wirre österreichische Politik zu äußern. Dennoch möchte ich darauf hinweisen, dass es die Alliierten selber waren, die – in der Hoffnung, dass sich die Demokratie durchsetzt und einer Wiederholung des Nationalsozialismus vorgebeugt wird – einem politischen System auferlegten, die wichtigen Aufgaben unter zwei großen Parteien aufzuteilen. Es ist ein Beispiel für eine Maßnahme, die zwar als eine Bestätigung der Demokratie erscheint, in der Tat jedoch genau das Gegenteil ist. Es ist logisch, dass die Demokratie nur funktionieren kann, wenn die Menschen die Freiheit haben, ihre Meinung zu ändern. Sobald eine Änderung der Meinung jedoch für Verrat gehalten wird, ist die Wahl nicht mehr frei.

Die Schwierigkeiten Österreichs begannen – wie jene von Deutschland – mit den Friedensverträgen nach dem Ersten Weltkrieg. Die drakonischen Maßnahmen der Siegermächte gegen Deutschland leisteten ein effizientes Stück Arbeit, um Hitlers Vorherrschaft zu fördern. Die Umstände waren noch brutaler in Österreich. Dieses Reich zerbrach von selbst, und Österreich blieb als ein Schatten seines kaiserlichen Selbst übrig – immerhin mit der Schärfe, Vorstellungskraft und Energie einer großen Nation in kleinerem Maßstab, die beweist, dass klein auch wunderschön sein kann. Nachdem Österreich seine Unabhängigkeit eine Zeit lang durch den Anschluss an Großdeutschland verloren hatte, wurde es von den bekannten Siegern befreit. Jedoch mit der bedenklichen Konstellation, dass es Soldaten und Offiziere für das deutsche Heer stellte. Eine Situation, die es kaum hätte vermeiden können. Das Paradoxe daran wurde in der schändlichen Hetzjagd deutlich, deren Opfer Kurt Waldheim war. Von Anfang an war das ein Aufschrei, als wenn in einer jener gespenstischen Sommernächte ein Hund in der Ferne zu bellen anfängt und – ohne offensichtlichen Grund – jeder andere Hund in Hörweite die ganze Nacht mitbellen muss. Kein überzeugender Beweis von Waldheims Schuld wurde je geliefert.

Zu jener Zeit bereitete ich in Salzburg »Figaro« vor. Eines Tages läutete das Telefon. Es war eine amerikanische Stimme. »Warum gehen Sie zur Eröffnung der Festspiele?«, fragte sie. »Aus Höflichkeit«, erwiderte ich, »denn ich führe Regie an der Oper hier.« – »Wissen Sie nicht, dass Waldheim dabei sein wird?«, erkundigte sich der Mann weiter. »Er ist ein Freund von mir«, erwiderte ich scharf. »Ist Ihnen nicht klar, dass Österreich die Heimat von Hitler war?« – »Ist Ihnen nicht klar, dass es auch die Heimat von Mozart war?«, entgegnete ich und fuhr fort: »Alle Nationen haben ihre Lieferanten der Freude und ihre Kaufmänner der Misere. Es wäre lächerlich, die USA nach einer wichtigen Zeitung und ›all the news that's fit to print‹ zu beurteilen. Was ist mit den anderen Nachrichten?« Er legte auf; es ist egal, wer er war. Und jetzt kommt Haider dran. Vielleicht ist es die Schuld der Sozialdemokraten, weil sie die widerspruchsvolle Machtteilung mit der ÖVP beenden wollten. Vielleicht ist es die Schuld von Kanzler Schüssel, der in jene Falle gegangen ist, die von den Franzosen vermieden worden war: eine Streitschlichtung zwischen der Rechtspartei und Le Pen. Das erklärt vielleicht auch Frankreichs seltsam rabiate Reaktion auf das heutige Österreich. Vergessen wir nicht die Antwort von Metternich auf eine Figur, die viel bedrohlicher als Haider war, nämlich Napoleon Bonaparte. Napoleon hatte einst erklärt, es sei ihm völlig egal, wie viele Leute während seiner Schlachten sterben würden. Metternich konterte: »Erlauben Sie mir, die Fenster zu öffnen, Majestät, damit das ganz Europa hören kann.«

Heute ist Frankreich Weltmeister in Sachen Menschenrechte. Die Umstände ändern sich eben ständig. Was jetzt passiert, hängt allein von Österreich ab. Bis dato trafen viele der Schläge, die auf Haider abzielten, leider auch Mozart. Traurig, aber auch typisch. Wie die Hunde, die wahllos in die Nacht hineinbellen.

11. März 2000

Die Tücken mit den Trends

*I*m Sport ist das Leben der Stars vergänglicher denn je. Im Schwimmsport gilt 20 als fortgeschrittenes, 25 als hohes Alter, und mit 26 beginnt die Vergreisung. Ähnlich verhält es sich im Tennis. Der Australier Norman Brookes war 1914 der letzte Wimbledon-Sieger vor dem Ersten Weltkrieg. Fünf Jahre später trat er zum ersten Wimbledon-Turnier nach dem Krieg an. Er war damals 47 und musste sich erst im Finale geschlagen geben. Das wäre heute undenkbar. Alles spricht gegen ein solches Wunder: die schnellen Bälle, das Design der Schläger, die Hightech-Schuhe und die Tatsache, dass die Jugendzeit so schrecklich rasch vergeht. Ein Großteil der massiven Artillerie Hollywoods ist auf die Zielgruppe der Jugendlichen gerichtet und entwickelt beeindruckende Destruktivkraft mit Lichteffekten, blendender als in jeder Disko, mit Geschichten, die jeder Logik entbehren und es eher auf die Nerven abgesehen haben als auf das Gehirn oder das Herz. Der richtige Reiz für leere Köpfe. Und weil die Aufmerksamkeitsspanne sich drastisch reduziert hat, kommt es immer mehr darauf an, sich kurz zu fassen.

Das hat Fred Zinnemann erfasst, der große österreichische Regisseur, der eines Tages, als er wieder einen Film drehen sollte, einen Termin bei einem Hollywood-Boss hatte. Dieser trat ihm in Jeans entgegen, in seinem langen Haar blitzte ein Ohrring auf, um den Hals trug er eine Inka-Kette. Er ließ Zinnemann auf einem Sessel vor seinem Schreibtisch Platz nehmen und sagte: »Guten Tag, Mister, äh« (an dieser

Stelle konsultierte er eine Notiz seiner Sekretärin), »Zinnemann, wenn ich richtig informiert bin? Erzählen Sie doch etwas über sich.« – »Ach«, seufzte Zinnemann, »erzählen doch lieber Sie etwas über sich, das geht schneller!«

Einer der letzten Bereiche, in die der Trend zur Jugendlichkeit Einzug gehalten hat, ist die Politik. Tony Blair erstürmte die politische Bühne Großbritanniens und ließ die Konservativen, die schon länger regierten, als es für sie und die Nation gut gewesen war, ziemlich alt aussehen. Ihre Mischung aus machtgewohnter Arroganz und skandalträchtiger Anrüchigkeit wurde von einem jugendlichen Image verdrängt. Kritische Stimmen wurden nun laut, weil die dritte Schwangerschaft von Mrs. Blair fast nahtlos in die vierte überging, was die Frage nahe legt, ob ein Vater, der nächtelang mit einem oder sogar zwei zahnenden Kindern im Arm auf und ab gehen muss, untertags noch genügend Energie für seine Amtsführung aufbringt.

Als angehender Urgroßvater kann ich dazu nur mein weises Haupt schütteln und sagen, dass dies wohl einer der wenigen Nachteile der Jugend ist, wenn man von Nachteil sprechen kann. Immer noch besser aber als eine Regierung von Tattergreisen, die nur mehr die leere Hülle von Ehrbarkeit und Etikette aufrechterhält. Mr. Blair hat jedenfalls genug Energie für alle Eventualitäten, wie sich beim Treffen mit dem spanischen Außenminister nach der erfolgreichen Unterzeichnung des Nordirland-Friedensabkommens zeitgleich mit der Geburt eines Blair-Sprösslings zeigte. »Herzlichen Glückwunsch – das war wohl ein hartes Stück Arbeit«, sagte der spanische Minister und meinte das Zustandekommen des Vertrages. »Nein, eigentlich war es ganz einfach«, entgegnete der glückliche Vater. Die Mühen im Dienst von New Labour hatte in diesem Fall Mrs. Blair zu bewältigen.

Auch in Russland, einem Land mit langer Tradition auf dem Gebiet der senilen Staatsführung, setzte sich der neue Trend durch. Nach Präsident Breschnjew, der angeblich schon ein halbes Jahr vor seiner Ablösung klinisch tot gewesen sein soll, kam für kurze Zeit der intellektuell sehr rege Andropow an die Macht, gefolgt vom farblosen Tschernenko, bis Gorbatschow als Pionier einer transparenten Politik auf den Plan trat. Fälschlicherweise glaubte er daran, dass sich die notwendigen Reformen innerhalb des verrotteten Systems der Sowjetunion durchführen lassen würden. Auf diesen vielleicht wichtigsten europäischen Staatsmann des 20. Jahrhunderts folgte der raue und emotionale Boris Jelzin, der als entschlossener, wenn auch selbst für russische Verhältnisse ungewöhnlich unberechenbarer Politiker begann, jedoch durch Alkohol- und Herzprobleme vorschnell alterte und damit an die frühere Tradition anschloss. In weiser Voraussicht stellte er die Bedingung, für immer vor Verfolgung wegen Korruption geschützt zu sein, bevor er dem jungen Wladimir Putin wich. Putin hat bisher noch keine tieferen Einblicke erlaubt, was in der westlichen Presse zu den üblichen Spekulationen im Zusammenhang mit allem, was aus Russland kommt, führte. Ständig werden wir auf Putins kalten Blick hingewiesen, auf die Menschenrechtsverletzungen in Tschetschenien, die er verteidigt, und auf seine frühere Spionagetätigkeit. Dass George Bush früher CIA-Chef war, habe ich noch nie jemanden mit boshaftem Unterton erwähnen hören. Nun nehme ich aber an, dass meine Leserinnen und Leser nicht so naiv sind zu glauben, zwischen den verschiedenen Geheimdiensten bestünde ein wesentlicher Unterschied. Schmutzige Tricks gehören bei ihnen allen zum Geschäft. Putin, der für sein Leben gern Kampfjets fliegt und Judo-Gegner auf die Matte wirft, hofft offenbar auf ein jugendlicheres Image, als es seinen 47 Jahren angemessen wäre. Ein gefährliches Omen.

Ich für meinen Teil bin glücklich, in dieser Kolumne nicht von einem halbwüchsigen Mittsechziger verdrängt zu werden, der als 59-Jähriger durchgehen möchte.

15. April 2000

Der endlose Horizont

Diesmal berichte ich aus Australien, wo ich als 79-Jähriger am Stock gerade mit meiner One-Man-Show gastiere. Hier werde ich oft gefragt, warum ich in meinem Alter diesen Stress auf mich nehme, wo ich es doch daheim im Garten viel gemütlicher haben könnte. Ich antworte wahrheitsgemäß, dass ich mich lieber nicht am Duft meiner selbst gezogenen Rosen erfreue, weil es sehr schlecht für meinen Rücken wäre, mich nach ihnen zu bücken. Ich bin nur 11 Monate jünger als der Heilige Vater und muss mir die Rosen unter die Nase halten lassen, wenn ich daran riechen will, so wie Seiner Heiligkeit mittlerweile das Erdreich an die Lippen geführt werden muss, damit er es küssen kann. Außerdem lasse ich die Rosen lieber, wo sie sind, anstatt für den vergänglichen Genuss ihres Duftes ihre kurze Lebensdauer noch weiter einzuschränken.

Nach Australien hat mich ein befreundeter Impresario eingeladen, der hofft, an unsere früheren Erfolge anschließen zu können. Insgesamt war ich schon sechsmal hier und dreimal davon mit einer One-Man-Show. Mein erster Australienbesuch ergab sich 1960, als ich unter der Regie von Fred Zinnemann »Der endlose Horizont« mit Robert Mitchum und Deborah Kerr drehte. In Australien hat die Hochkultur Einzug gehalten, wofür die Opernhäuser von Sydney und Melbourne ein deutliches Zeichen sind. Ersteres ist als Gebäude ebenso umstritten, wie es seinerzeit der Eiffelturm war, und hat sich wie dieser zu einem bleibenden Symbol für die Stadt entwickelt. Dass im Fernsehzeitalter endlich eine wichtige Funktion für den Eiffelturm gefunden wurde, ist nebensächlich. Weltbekannt ist der Turm als Wahrzeichen für Paris, ja ganz Frankreich. Im Gegensatz dazu erfüllte das Opernhaus von Sydney trotz aller behördlichen Hindernisse für den in seiner Originalität verstörenden Bau des dänischen Architekten Utzon von Anfang an seine Funktion, und je nach Geschmack genießen oder verabscheuen wir die Früchte des Kompromisses zwischen einem Genie und der Stadtplanung.

Vor vierzig Jahren kam ich aus Tokio hierher, wo der alte Flugplatz bei meiner Abreise völlig überfüllt gewesen war von zahlreichen Delegationen in Zylinderhüten und dunklen Anzügen, die es schafften, beim gegenseitigen Verbeugen nicht aneinander zu stoßen – ein Zeugnis für die harte Schule des Lebens auf einer übervölkerten Insel. Der Flugplatz in Sydney war hingegen menschenleer, bis auf einen Mann mit breitkrempigem Hut und in die Ferne gerichtetem Blick, der geradewegs in mich hineinlief. »Tschuldigung«, röhrte er mit jovialem Grinsen, »jetzt hab ich Sie ganz übersehen«, was Rückschlüsse auf das Leben in weiten, spärlich besiedelten Landstrichen erlaubt, wo man nie jemanden trifft, mit dem man zusammenstoßen könnte.

Jovial ist immer noch die beste Bezeichnung für das Wesen der australischen Bevölkerung, bei all ihren immensen Fortschritten in der Lebenskunst. Dieses Land ist so, wie die USA früher gewesen sein müssen, bevor sie sich Komplexe zulegten. Trotz der ungeheuren Macht und der technischen Fähigkeiten blieb das amerikanische Volk erstaunlich umgänglich und unaffektiert. Briten und Franzosen waren in ihrer Zeit als Kolonialmacht, was der heutigen Position der USA als wirtschaftliche und militärische Großmacht vergleichbar ist, nicht halb so angenehm im persönlichen Umgang. Was die Komplexe betrifft, so halte ich es für unwahrscheinlich, dass sich in Australien ähnlich destruktive Anwandlungen von Arroganz und geistigem Isolationismus entwickeln könnten wie in den USA.

Australien wird nie Gefahr laufen, in eine Position militärischer Überlegenheit zu kommen oder moralische Autorität daraus zu beziehen, dafür ist man hier einfach zu jovial. Nur zwei Staaten der Erde haben die Konvention über die Rechte des Kindes, jenes unumstrittene Dokument unserer Zivilisation, noch nicht ratifiziert: Somalia und die Vereinigten Staaten. In den USA liegt dies sicher darin begründet, dass sich Amerika immer noch für weiser hält als die übrige Welt. Ein tief religiöser Mann aus den Südstaaten will nichts davon hören, dass er sein Kind nicht züchtigen soll, wo er doch im Buch der Bücher liest, dass allzu große Nachgiebigkeit das Kind verderben würde. Wo bleiben da die Menschenrechte? Vor kurzem starb eine Frau in einem texanischen Gefängnis an einer Todesspritze, die ihr für ein Verbrechen verabreicht wurde, das vor über zwanzig Jahren geschehen war. Im Fernsehen wurde der baptistische Prediger Billy Graham vom Interviewer Larry King gefragt, was er dabei empfand, und Reverend Graham gab zu, dass es ihn nicht kalt lasse, wenn die Todesstrafe an einer Frau vollzogen werde, sagte aber, dass er sie in gewissem Sinne auch beneide, weil sie früher als er in den Armen Jesu lande. Dieses Statement des frommen Gottesmannes wäre eines fanatischen islamischen Fundamentalisten würdig. In Australien ist so etwas undenkbar. Als Dr. Carnley, Bischof von Perth, zum Primas der Anglikanischen Kirche in Australien geweiht wurde, blieben zwar drei Bischöfe der Zeremonie fern, da Carnley für Toleranz gegenüber homosexuellen Lebensgemeinschaften und für die Befürwortung der Ernennung von Priesterinnen bekannt ist, aber 28 hoch gestellte Mitglieder des Klerus wohnten der Zeremonie bei. Australien ist einfach viel zu jovial, als dass Bigotterie, Starrköpfigkeit oder schlichte Dummheit sich hier einbürgern könnten. Darum ist es wie eine Therapie, hierher zu kommen.

20. Mai 2000

French Open mit Napoleon

Wer ist das Volk? Laut Abraham Lincoln fällt das Volk durch Stimmabgabe bei Wahlen alle Entscheidungen. Das kommunistische Regime in China hält das Stimmrecht für überflüssig, da die Republik ohnehin dem Volk gehöre, auch wenn es sein Eigentumsrecht nicht ausüben darf. Für den Politiker in den USA stimmt das Volk im Grunde mit seinen persönlichen Überzeugungen überein. Und unter Hitler hieß es *ein Volk, ein Reich, ein Führer,* was unter allen Varianten wohl die einfältigste Unterstellung ist.

Ich persönlich komme immer nur im Theater mit einem Bruchteil des Volkes in Berührung, und diese Menschen haben mich klar überzeugt, dass ihre Sensibilität, ihre Offenheit für das Unkonventionelle und ihre Intelligenz über die Jahre immens gewachsen sind. Sie nehmen nicht mehr an Ideen Anstoß, die Leute mit starrer Geschichtsauffassung oder einem Glauben an die Unverrückbarkeit menschlicher Werte vielleicht schockierend finden. Aber ich betrachte das Theaterpublikum nicht unbedingt als repräsentativ für das Volk. Es ist eine Minderheit, die nicht durch geistige Anregungen aus der Bahn geworfen wird und sich vor allem auch nicht davor fürchtet. Unsere Bildung geht über den Abschluss der Schule oder Universität hinaus und endet mit dem Tod oder nicht einmal dann, je nach Glaubensrichtung. Wer also ist das Volk, abgesehen von dem demokratischen Ideal eines obersten Souveräns, in dessen Auftrag die Regierung handelt oder – im Fall einer Diktatur – statt dessen Auftrag die Regierung handelt? Die Diktatur ist eine bei weitem ältere Regierungsform als die Demokratie, jene subtile, idealistische und verletzliche Erfindung als Ausdruck der Erkenntnis, dass ohne persönliche Freiheit die Aussicht auf ein erfülltes Leben stark eingeschränkt wird.

Jahrhundertelang hat es niemanden wirklich interessiert, wer das Volk war. Die Frage tauchte hin und wieder auf, etwa im alten Griechenland. Auch im alten Rom, wobei SPQR – *Senatus Populusque Romanus* – eher einer Volksrepublik oder einem Volksimperium ähnelte als einer Gesellschaft, in der die Menschen selbständig ihre kritischen Fähigkeiten ausbilden und eigene Entscheidungen treffen können. Die Sklaverei richtete sich jedenfalls gegen den Willen des Volkes. Jahrhundertelang glaubte das Volk, was ihm gesagt wurde, etwa dass Unwissenheit ein Segen sei, ein vorzeitiger Tod auf dem Schlachtfeld per se eine Ehre und dass Gott auf seiner Seite sei, was auch immer die Führungspersönlichkeiten beschlossen. Dass die Menschen diese einfachen Leitsprüche ihr Leben lang nicht infrage stellten, erleichterte die Aufgabe der Führungsriege und machte zugleich die Intellektuellen unpopulär unter jenen, die sich zum Führen geboren fühlen. Intellektuelle stellen Fragen, wo die vorgegebenen Antworten nicht ausreichen. Ein Beweis für grundlegende Veränderungen ist die dramatische, beispiellose und brillante Initiative des Papstes, der im Namen der katholischen Kirche um Vergebung für die jahrhundertelangen Ungerechtigkeiten und Gräueltaten bat, die in ihrem heiligen Namen begangen wurden. Bewundernswert war seine mutige Entscheidung, die Inquisition, die Massaker unter Völkern, die sich der christlichen Religion nicht unterwerfen wollten, die Hinrichtung von Hexen und

Ketzern und alle anderen Abnormitäten, die die Verbreitung der Heiligen Schrift begleiteten, für Unrecht zu erklären.

Die weltlichen Autoritäten sind seinem Beispiel bislang nicht gefolgt. Angesichts der schrecklichen Verbrechen des Ersten Weltkrieges wandte sich das Volk schließlich mit Grauen von der romantischen Idee des Kämpfens ab. »Es musste sein«, lautete die monotone Phrase, die zahllose Todesmeldungen in den Zeitungen jener Zeit begleitete. Aber *es hätte nicht sein müssen.* Der grausame Tod von Millionen Menschen – *geopfert in der Blüte ihrer Jahre,* wie die Kriegsherren bei Gedenkreden in Friedenszeiten beklagen – war nur durch einen Interessenkonflikt zwischen den Mächtigen verschuldet. In zivilisierten Ländern steht auf Mord lebenslange Haft, in weniger zivilisierten die Todesstrafe. Dennoch wurde zu Ehren von Napoleon, der für unzählige Morde verantwortlich war, das Pantheon errichtet, in einem Land mit einer als besonders intelligent geltenden Bevölkerung.

Die heute theoretisch mögliche Selbstauslöschung auf unserem Planeten wirkte sich ernüchternd auf das Volk aus. Ein großer Krieg wird als Problemlösungsstrategie nicht mehr in Betracht gezogen; kleinere Kriege werden zwar geduldet, aber abgelehnt. Jetzt befriedigt der Sport das Bedürfnis, sich mit heroischen Taten zu identifizieren. Die Olympischen Spiele ermöglichen eine zivilisierte Form der Konfliktaustragung. Die Sieger werden mit Medaillen belohnt, die Besiegten werden nicht bestraft, und an die Stelle von Kriegsverbrechen tritt das relativ harmlose Vergehen des Dopings. Ähnliches gilt für den Fußball, selbst wenn Hooligans versuchen, eine Brücke zwischen Sport und

Krieg zu schlagen. Beim Tennis erinnert im Roland-Garros-Stadion das Hohngelächter des Pariser Publikums, Angehörige eines Volkes, das ich zuvor als so intelligent gepriesen habe, an die üblen Zeiten der Französischen Revolution. Besonders Martina Hingis, die letztes Jahr im Finale der French Open die Nerven verlor, darf jetzt keine noch so ungerechte Linienrichterentscheidung mehr anzweifeln, ohne vom Publikum ausgebuht zu werden. Da frage ich mich, wer ist das Volk?

17. Juni 2000

Wenn wir unser Herz öffnen

*E*ine französische Fernsehdiskussion mit dem Philosophen Alain Finkielkraut regte mich unlängst zum Nachdenken an. Das passiert nicht oft, denn das französische Fernsehen ist für seine Sparsamkeit bekannt und bringt daher häufig Diskussionen – Diskutieren ist in Frankreich eine Art Nationalsport –, wobei die Teilnehmer eine bescheidene Entschädigung erhalten. Oft sind drei oder vier Geistesgrößen in einer Sendung zu Gast, was einer Energieverschwendung gleichkommt, da sie alle gleichzeitig sprechen und ihre gegensätzlichen Standpunkte für die Zuschauer unverständlich werden. Klar ist nur, dass sie völlig verschiedener Meinung sind, und zwar bis hin zum Austausch von Unhöflichkeiten. Diesmal hatte ich Monsieur Finkielkraut für mich allein, was zwar ein Privileg, aber auch keine große Hilfe war, denn bei seinem leidenschaftlichen Vortrag wären mir ein paar Unterbrechungen ganz recht gewesen, um als Nichtfranzose leichter folgen zu können.

Im Lauf der Sendung äußerte der Interviewer die Vermutung, dass der Philosoph immer von der Minderheitenposition angezogen werde und es genieße, gegen den Strom zu schwimmen, was Finkielkraut sofort abstritt. Unmittelbar davor hatte er über einen eher berüchtigten als berühmten Autor gesagt, dieser lasse sich immer so lange von der jeweils geltenden Meinung treiben, bis er spüre, dass sich eine Strömung bildet, und ziehe dann die Aufmerksamkeit auf sich, indem er sich demonstrativ gegen diese Strömung stelle und damit unverdientermaßen den Ruf eines einsamen, integren

Kämpfers ernte. Nun wollte er natürlich nicht desselben Verbrechens bezichtigt werden, das er gerade jemand anders zugeschrieben hatte. Aber vielleicht steckte auch noch mehr dahinter. Wie den meisten denkenden Menschen war es ihm wohl zuwider, in eine Schublade gepackt zu werden. Lieber die Verfolger abschütteln, indem man sie mit schillernder Brillanz blendet. Keine Disziplin ist für solches Versteckspielen besser geeignet als die Philosophie.

Jetzt bin ich wahrscheinlich ungerecht. Bestimmt sogar. In gewissem Sinn ist man immer ungerecht, sobald man eine Meinung über jemand anders äußert. Es fehlen einem immer irgendwelche Informationen. Aber würde es wirklich etwas bringen, alles zu wissen? Ich glaube nicht. Intuition und Augenblicksurteile führen oft zu treffenderen Resultaten als tief schürfende Exkurse auf der Suche nach der vermeintlichen Wahrheit. Im weiteren Verlauf der Sendung wurde Finkielkraut vom Interviewer auf sichereren Boden gelenkt. Dieser fragte ihn, inwieweit die Tatsache, dass er Jude sei, seine Weltsicht beeinflusse. Da wurde seine moralische Struktur sichtbar. Finkielkraut bezeichnete den Holocaust als unvergleichlichen Schrecken. Man muss nicht Jude sein, um dem zuzustimmen. Ungewöhnlicher war seine Aussage, dass die Shoah allzu oft als Argument in Streitgesprächen missbraucht werde, in denen es um viel banalere Dinge gehe. Den Standpunkt jener Gruppe von französischen Kulturschaffenden und Intellektuellen, die sich wegen Haiders Wahlerfolg weigerten, in Österreich zu arbeiten, bezeichnete er als *absurd*. Mindestens zweimal betonte er, dass es Hitler gewesen sei, der dem jüdischen Volk zu öffentlichem Ansehen verholfen habe. Es klang, als sei dies für ihn eines der vielen Verbrechen, die im Führerbunker ihren Ursprung hatten. Kritikloser Prosemitismus könne heute so schädliche Formen annehmen wie Antisemitismus und zu so lächerlichen Ansichten wie der Gleichsetzung von Haider mit Hitler führen. Damals habe sich, wie Finkielkraut unterstrich, die ganze Welt vor dem Deutschen Reich gefürchtet. Heute fürchte sich wohl niemand vor der österreichischen Regierung, was auch immer man sonst über die Lage Österreichs denke. Die Haltung der anderen EU-Regierungen gegenüber der österreichischen habe den Charakter eines simplen konditionierten Reflexes und sei somit genauso leicht zu erklären wie die Reaktion eines Autofahrers auf das Rot einer Ampel. Da wird nicht lange nachgedacht, sondern gehandelt. Und so war es auch im Fall der EU.

Alain Finkielkraut hingegen handelt bestimmt nie unbedacht und reflexartig. Zu den herausragenden Persönlichkeiten unserer Zeit zählen Nelson Mandela, Erzbischof Desmond Tutu und UNO-Generalsekretär Kofi Annan; sie alle stammen aus Afrika und beziehen ihre Weisheit aus dem Erleben von Ungerechtigkeiten, Kampf und komplexen Verhältnissen. Erzbischof Tutu bat mich, über die Afrikaner nicht zu hart zu urteilen. »Wie viele andere Minderheiten, die sich von großen Mehrheiten umgeben sehen, flüchteten sie sich in die Vorstellung, ein auserwähltes Volk zu sein.« Er fügte hinzu: »Dafür gibt es ja auch andere Beispiele in der Geschichte.« Robben Island, das Gefängnis, in dem Mandela 18 der 27 Jahre seiner Haft zubrachte, ist heute eine Pilgerstätte, die die damaligen Grausamkeiten kaum noch erahnen lässt. Doch außerhalb der Gefängnismauern ist ein

Dorf entstanden, in dem frühere politische Häftlinge und Strafgefangene mit ehemaligen Mitgliedern des Gefängnispersonals friedlich zusammenleben.

Unter diesem Eindruck sagte ich in einer Fernseh-Sendung in Kapstadt, wo die Versöhnungsprozesse zur Aufklärung von Menschenrechtsverletzungen im Gang waren, und mit Blick auf Robben Island: »Unsere Zukunft hängt davon ab, wie viel wir vergessen dürfen und woran wir uns erinnern müssen.« Das weiß auch der Philosoph Finkielkraut, so wie wir alle, wenn wir unser Herz und unseren Geist öffnen.

29. Juli 2000

Von Gottes Gnaden

*I*n Zeiten, in denen der Fortschritt in ungeahnte Dimensionen voranschreitet, wird immer deutlicher, dass auch scheinbar ewig gültige Werte – wie alles auf dieser seltsamen Welt – heute niemanden mehr hinter dem Ofen hervorlocken. Vor unserer Zeit war Rassismus nicht nur ganz normal, es gab nicht einmal eine echte Alternative. Shakespeare schuf die Figur des Shylock und Dickens den Master Fagin, ohne einen Gedanken an politische Korrektheit zu verschwenden – aber jedem zeitgenössischen Opernregisseur ist es peinlich, wenn Monostatos in Mozarts »Zauberflöte« über sich selbst sagt, dass »ein Schwarzer hässlich ist«. Ich habe diesen Satz nicht gestrichen – einfach deshalb, weil er ohnehin so schnell gesungen wird, dass man ihn unmöglich verstehen kann. Ich möchte betonen, dass ich nicht bei den Jesuiten in der Schule war. Apropos: Seine Heiligkeit der Papst hat eben zwei seiner Vorgänger selig gesprochen, die verschiedener nicht sein könnten: Johannes XXIII., der der ganzen Welt zeigen wollte, dass er in erster Linie ein Mensch ist und die Menschen liebt, was ihm damit vergolten wurde, dass seine Liebe von allen erwidert wurde. Und Pius IX., der seinen Mitmenschen ständig vor Augen führte, dass er der Papst und infolge göttlicher Eingebungen außerdem unfehlbar ist. Das war eine radikal andere Botschaft an seine Schäfchen. Ihr zufolge standen Gott und der Papst allein auf der einen Seite und alle anderen, Heilige wie Sünder, auf der anderen. Auch Monarchen, die an einem Verhalten als Heilige kein unmittelbares Interesse hatten, griffen zu dieser

Strategie, als sie das Königtum von Gottes Gnaden erfanden. Diese irrige Annahme führte sich jedoch angesichts ihrer gnadenlosen Herrschaft früher oder später selbst ad absurdum. Päpste der jüngeren Vergangenheit, etwa Pius IX. (1846-1878), waren über jeden Tadel erhaben, obwohl Alexander Borgia in der unrühmlichsten Epoche des Papsttums keinerlei Gnade Gottes bemühen musste, um sein Verhalten zu rechtfertigen. Doch das waren andere Zeiten. Gilt das eigentlich automatisch als Entschuldigung, oder darf man auch das Verhalten jener, die vor langer Zeit lebten, mit heutigen Maßstäben messen?

Ich war überrascht und auch erleichtert, als ein Kollege von der französischen Akademie der schönen Künste erklärte, dass man Napoleon heute als Kriegsverbrecher anklagen und verurteilen würde. Das ist französische Logik vom Feinsten. Ihre unfeine Seite zeigt sich am Arc de Triomphe, wo Schlachten, in denen die Jugend des Landes geopfert wurde, stolz zur Schau gestellt werden. Aber zurück zum hochinteressanten Fall Pius' IX. Man muss ihm zugestehen, dass er in schwierigen Zeiten lebte. Im Zuge der Vereinigung der zahlreichen Kleinreiche Italiens zu einer neuen Nation stand der Antiklerikalismus hoch im Kurs. Die Gebiete des Kirchenstaats, die über das ganze Land verstreut waren, verschwanden von der Karte. Lediglich der Heilige Stuhl blieb bestehen, und auch ihm drohte das Aus, als Garibaldis Anhänger Rom besetzten. Dank der Ausdauer und Zähigkeit Pius' IX. konnte sich der Vatikan halten. Doch das war nicht die erste Prüfung, die diesem Papst auferlegt wurde. Da war auch der Fall des jüdischen Jungen Edgardo Mortara aus Bologna, das damals unter päpstlicher Hoheit stand.

Der todkranke Junge wurde von einem Dienstmädchen getauft, damit er ins Paradies gelangen konnte. Edgardo überlebte jedoch, was dem Mädchen wie ein Wunder erscheinen musste. Pius IX. hörte von dem Fall, worauf der Junge entführt und vor den verzweifelten Angehörigen, die in ihrem Ghetto festsaßen, versteckt gehalten wurde. Er wurde im katholischen Glauben erzogen und zum Priester geweiht. Aus päpstlicher Sicht war das ein moralisch gerechtfertigter Verlauf der Dinge. Doch noch heute beklagen überlebende Mitglieder der Familie des Jungen, dass sich sein Schicksal als Jude aufgrund äußeren Zwangs nicht erfüllen konnte. Was veranlasste Johannes Paul II. zur Seligsprechung eines Papstes, dessen Ansehen im Lauf der Zeit so gelitten hat? Vielleicht sein Mut – den übrigens beide Männer besitzen. Außerdem war es Pius IX., der das Dogma von der Unbefleckten Empfängnis Mariens verkündete, wodurch die Marienerscheinungen in Lourdes offiziell bestätigt wurden. Es ist ja bekannt, welch innige Zuneigung Johannes Paul II. zu seinem ganz persönlichen Marienbild hegt. Ist das jedoch ein Grund dafür, dass dieser bemerkenswerte, zugleich autoritäre und bescheidene Mann, der jetzt mit jeder kostbaren Sekunde, die vergeht, mehr lernt als in seinem früheren Leben, dass dieser Dogmatiker, der einen Teil seines Geistes und sein ganzes Herz grenzenlos weit geöffnet hat, einer derart umstrittenen Persönlichkeit wie Pius IX. eine solche Ehre zuteil werden lässt? Er allein weiß es.

Wir haben jedoch das Recht, darauf hinzuweisen, dass sein einzigartiges Schuldbekenntnis, seine Bitte um Vergebung für alle Irrtümer der Kirche, von der Inquisition bis zum Abschlachten der südamerikanischen Indianer, auch bedeutet, dass Päpste nicht unfehlbar sind. Dazu kommt, dass all seine Bemühungen um ökumenisches Verständnis für andere Religionen durch Kardinal Ratzinger unterlaufen werden, dem zufolge die protestantischen Kirchen keine Kirchen sind und die anderen Konfessionen nicht als Schwesterkirchen gelten könnten, da die römisch-katholische Kirche die Mutter aller Kirchen sei. Offenbar leiden nicht nur Päpste unter der Illusion, unfehlbar zu sein.

16. September 2000

Mögen wir noch lange spielen

*I*ch war immer schon der Ansicht, dass die Olympischen Spiele die logische Ablösung für Kriege bilden, weil die Menschheit jetzt endlich erkannt hat, dass Kriege weder ruhmreich noch romantisch sind. Ganz anders verhält es sich da mit den Olympischen Spielen, wie sie jüngst in der freundlichen Atmosphäre Australiens stattfanden. Die Parallele zur traditionellen Kriegsführung ist nicht unmittelbar evident, wenn man sieht, wie außerordentlich zivilisiert die Athletinnen und Athleten miteinander umgehen, wie Sportler aller Hautfarben sich gegenseitig respektvolle Anerkennung zollen und wie Kontrahenten, die in unterschiedlichen politischen Systemen leben, furchtlos zu ihrer sportlichen Verbundenheit untereinander stehen. Das beweist, dass es viel weniger Unterschiede zwischen Völkern gibt als zwischen politischen Systemen. Und genau das zählt langfristig, auch wenn die politisch Verantwortlichen den Systemen noch so viel Bedeutung beimessen. Die einzige Verbindung zwischen den Kriegen von einst und den Olympischen Spielen heute sind die Fernsehkommentatoren aller Nationen, die sich Chauvinismus und sogar Rassismus in einem Maß herausnehmen, wie es offenbar zum Job gehört, sonst aber als politisch inkorrekt verpönt ist. Trotz ihrer wortreichen Botschaft des Friedens bedienen die Olympischen Spiele eben immer noch die niederen menschlichen Urinstinkte wie das Gefühl der Überlegenheit der eigenen Nation über andere. Wozu würden sonst Nationalhymnen gespielt und Flaggen aufgezogen? Ich möchte aber nicht missverstanden werden. Ich trete nicht dafür ein, dass diese pittoresken Rituale abgeschafft werden sollten – dafür ist es noch viel zu früh. Will man etwas ersetzen, so muss man die geschichtliche Entwicklung mitbedenken, die menschlichen Stammesinstinkte müssen befriedigt werden, auch wenn – oder gerade weil – sie sich grundlegend verändert haben.

Früher bestimmte der Gegensatz zwischen Gut und Böse unsere Werteskala. Er steht im Einklang mit der Bibel, ist für einfache Gemüter praktisch und zwangsläufig irreführend. In der amerikanischen Politik ist dieses Muster weiterhin gängig und führt immer wieder zur so genannten Dämonisierung. Man muss sich das wie in einem Western vorstellen: Eine menschenleere Landschaft, und an jedem Baum hängt ein Poster, das eine Belohnung für die Ergreifung von ... verspricht – lebendig oder tot. Das Foto ist austauschbar, es könnte Castro, Gaddafi oder Saddam Hussein zeigen, in jüngster Zeit auch Milošević. Sie alle sind Symbole des Bösen für jene, die an den Gegensatz glauben, während die Symbole des Guten viel schwerer auszumachen und leichter anzuzweifeln sind. Nicht ohne Grund, denn diese Polarität ist überholt und wurde durch das Gegensatzpaar Effizienz und Ineffizienz ersetzt. Die Ära der Ineffizienz liegt demnach hinter uns, die Effizienz ist zum Maßstab unserer moralischen Werte geworden. Im Ersten Weltkrieg starb die Ineffizienz, oder richtiger der Amateur, einen langsamen und qualvollen Tod. Millionen Menschen, zunächst von herkömmlichen patriotischen Gefühlen getrieben, aber ohne jeden Einfluss auf ihr Schicksal, wurden abgeschlachtet. In der Luft salutierten die Kampfflieger einander zu, bevor sie losfeuerten und abgeschossen wurden. Und am Boden standen einander Generäle von unglaublicher Inkompetenz gegenüber – möge der Schlechtere verlieren! Es dauerte fast fünf Jahre, bis die Entscheidung darüber gefallen war.

Auch im Sport wich das Amateurwesen allmählich dem Profitum. Die damaligen Rekorde wirken heute lächerlich. Trainiert wurde einfach drauflos und bar jeder wissenschaftlichen Grundlage. Im Zweiten Weltkrieg kam es erstmals und, so steht zu hoffen, letztmalig zur professionellen – und damit effizienten – Konfliktaustragung. Allein der Ausdruck »Blitzkrieg« strotzt nur so vor Effizienz. Aus der heutigen gefährlichen Mischung von technischem Fortschritt und moralischer Zurückgebliebenheit entwickelt sich eine neue Art von Rassismus, der noch nicht als solcher erkannt wird, wonach Waffen das Leben der eigenen Leute schützen und die Feinde vernichten. Daraus könnte man die gefährliche Annahme ableiten, dass zwar alle Menschen von Geburt an gleich sind, die Streitkräfte aber dafür sorgen werden, dass jene, die sterben, die Unterprivilegierten sind. Das Gute wird mit dem Effizienten gleichgesetzt, und was das bedeutet, kann man sich ausmalen. Die Einzigen, die dem Wahnsinn der Kriege ein Ende machen können, sind wir selbst. Das Schicksal der Demokratie allein an die Stimmabgabe bei Wahlen zu binden, die entscheidet, wer uns aus einer gegebenen Auswahl vertreten soll, ist eine Illusion. Die großen Bewegungen der Geschichte wurden immer von den Menschen direkt entschieden und nicht durch Wahlen. Dennoch waren sie höchst demokratisch. Die Wiedervereinigung Deutschlands wurde von den Menschen erreicht und gegen den Willen der Politiker. Gedankenlose geben Gorbatschow die Schuld an der Auflösung der Sowjetunion, dabei versuchte er nur, den Willen mehrerer Völker anzuerkennen. Da die Menschen also zu verantwortlich Handelnden geworden sind, wäre es geradezu kriminell, wieder in düsteres Kriegsdenken zu verfallen. Mögen also die Olympischen Spiele noch lange bestehen, ebenso wie die Nationalhymnen, Flaggen, TV-Kommentatoren und alle, die sich des Lebens erfreuen – ob mit oder ohne Medaille.

14. Oktober 2000

Frühstück in Tel Aviv

Mein Aufenthalt in New York kurz vor den Präsidentschaftswahlen war höchst lehrreich. Alle sahen sich gezwungen, den aufgeblasenen Zirkus als bedeutendes Lehrstück in Sachen Demokratie, als Vorbild für andere und als Höhepunkt im unaufhaltsamen Fortschritt der Freiheit zu preisen. Dennoch war niemand überrascht, auf die unweigerliche Frage »Was halten Sie denn von unserem Wahlkampf hier?« vom verlegenen, aber wahrheitsliebenden Fremden »Eigentlich gar nichts« zur Antwort zu bekommen. Ein von Herzen kommender Seufzer der Erleichterung war zu hören, denn die Amerikaner wissen ganz genau, dass die Herren Bush und Gore unter einer Bevölkerung von 300 Millionen unmöglich als die Champions der Eloquenz, Kompetenz und des Einfallsreichtums gelten können. Als Kandidat muss man offenbar eine ganz andere Voraussetzung mitbringen, nämlich eine augenfällige bis peinliche Gier auf dieses Amt.

Al Gore ist der robustere und erfahrenere Politiker von beiden und hatte ein beeindruckendes Repertoire an Daten und Fakten parat. Aber während des gesamten Wahlkampfes stand er im Schatten jenes Präsidenten, der im Rückblick an Statur gewinnen wird. Denn mit der Zeit wird seine imposante Bilanz die Nachwirkungen seiner banalen und frivolen Sexaffäre überstrahlen, die von den Mächten der Tugend und dem fehlgeleiteten politischen Instinkt des Senats und Kongresses zur unverzeihlichen Sünde erhoben wurde. George W. Bush hatte keine so komplizierten Startvoraussetzungen. Er wirkte entspannter in den trügerischen

Fernsehdebatten, die die Qualitäten und Schwächen jedes Kandidaten aufzeigen sollen, aber mehr an Federgewichtswettbewerbe im Boxring von Madison Square Garden erinnern. Wie bei anderen Wettkämpfen, in denen Sportler gegeneinander antreten, spürte man im Hintergrund die beratenden Fachleute der Psychologie und Physiotherapie, die alten Hasen, die Gymnastiktrainer und die ganze Truppe, die politische Profis heute mit sich führen müssen. Das einzige Thema, bei dem Bush als Gouverneur völlig gelassen wirkte und bei dem er sich nicht einen riskanten Weg zwischen mehreren Alternativen bahnen musste, war die Ablehnung von Gnadengesuchen aus den Todeszellen. Eine erschreckende Feststellung für einen Besucher aus dem Ausland, der es nicht gewohnt ist, in die barbarische Vergangenheit zurückversetzt zu werden.

In einem Punkt aber ist die Ursache für die Überraschung des Besuches ganz modern und aktuell. Das betrifft die Verhandlungsstrategien, die zum Bestandteil des Verfahrensablaufs geworden sind. Justitia mit ihrem Augenverband mag ja blind agieren, aber sie ist keineswegs taub, und sie lässt sogar ein verschwörerisches Flüstern mit amerikanischem Akzent vernehmen. Zu diesen Erkenntnissen bin ich nicht erst auf meiner aktuellen USA-Reise gelangt, sie sind über die Jahre in mir gereift, und es ist nichts geschehen, was sie entkräftet hätte. Vergrößert hat sich nur mein Erstaunen über die Anständigkeit und Gastfreundschaft der Durchschnittsbevölkerung und ihren Glauben an jenen Silberstreif am Horizont, den sie den amerikanischen Traum nennen. Ich muss gestehen, dass ich den finsteren Horizont dort oft genug betrachtet habe, ohne dergleichen zu entdecken.

Aber wenn sie dort einen Silberstreif sehen können, so ist das ihr Privileg. Und wenn sie in den Karnevalsveranstaltungen der Wahlversammlungen eine politische Realität und in den ständigen Umarmungen der Kandidaten und ihrer Gattinnen etwas anderes sehen können als eine Werbemaßnahme, dann ist das auch ihr Privileg. Grund meiner Reise nach New York war die Versammlung der Botschafter des guten Willens und des Friedens, die von UNO-Generalsekretär Kofi Annan einberufen wurde. Diese einzigartige Zusammenkunft so vieler Gesandter ging im lokalen Medienrummel vor den Wahlen völlig unter. Die Vereinten Nationen selbst werden von der amerikanischen Öffentlichkeit seit jeher loyal unterstützt, obwohl – oder gerade weil – sie vom Kongress und Senat schon immer als unnötiger Luxus und potenzielle Brutstätte für Spione und Subversive angesehen werden. Nun, trotz der mangelnden Beobachtung vor Ort wurde weltweit darüber berichtet, und die Qualität der Beiträge von Harry Belafonte, Susan Sarandon, Nana Mouskouri, Nadine Gordimer, Seamus Heaney und Kofi Annan bestätigte die Wichtigkeit des Ereignisses. Das Treffen war eine motivierende Initiative, die erfrischende Klarheit in unsere Sicht der Probleme brachte.

Eines noch: Ich möchte nicht für einen Revanchisten gehalten werden und wünsche niemandem Schlechtes. Aber auch ich bin bestürzt über den Verfall des Friedensprozesses im Nahen Osten, für den ich den geschickten und zuweilen hämischen Unruhestifter in dieser Weltgegend, Ariel Sharon, verantwortlich mache. Es war vor etwa dreißig Jahren, als ich ihm im Speisesaal eines Hotels in Tel Aviv Auge in Auge gegenüberstand. Wie ich trug auch er gerade sein volles

Tablett vom Frühstücksbuffet zum Tisch. Ich trat zur Seite, um ihn vorbeizulassen, er ging weiter, ohne eine Miene zu verziehen, als hätte er ein Recht darauf, dass alle vor ihm zurückstünden. Seit dieser Zeit und besonders im Lichte nachfolgender Ereignisse habe ich es bedauert, damals nicht meinen Fuß ausgestreckt zu haben, um den General samt Frühstück zu Boden gehen zu sehen. Damals habe ich eine historische Chance verpasst.

11. November 2000

Kafka jenseits von Afrika

Der *Figaro* veröffentlichte am 2. Dezember einen längeren Artikel von Alexandrine Bouilhet unter dem Titel »Bern begehrt die Sammlung Rau«. Ein Artikel, der ein gutes und zugleich alarmierendes Beispiel für aufdeckenden Journalismus darstellt. Besagter Dr. Gustav Rau ist eine hochinteressante Persönlichkeit; er wurde 1922 in Stuttgart geboren und erbte eine Fabrik, die Textilien und Autoteile herstellte. Relativ spät in seinem Leben verkaufte er die Fabrik, sattelte mit 46 um und wurde Mediziner. Er verließ Europa und arbeitete 30 Jahre lang als Arzt in Afrika, erst in Nigeria, dann in Zaire, wo er in der Stadt Bukavu ein Krankenhaus aufbaute. Sein Leben führte er in extremer Bescheidenheit. Einige Hemden, zwei Hosen, ein Paar Schuhe – das war seine ganze Garderobe. Nach Europa reiste er nur mehr zum Besuch wichtiger Auktionen, denn er hatte über die Jahre etwa 800 Gemälde von so unterschiedlichen Künstlern wie Fra Angelico, Watteau, El Greco und Monet erworben und damit eine der bedeutendsten Kunstsammlungen der Welt aufgebaut.

Als er aus Afrika zurückkehrte, um sich zur Ruhe zu setzen, gründete er in der Schweiz drei Stiftungen, um sein großes Vermögen vor äußeren Zugriffen zu schützen – und damit begannen seine Probleme. Sein eigener Anwalt, über den im *Figaro* ausführlich berichtet wurde und der hier ungenannt bleiben soll, erwirkte, dass Dr. Rau für unzurechnungsfähig erklärt wurde, woraufhin seine finanziellen Anlagen in der Schweiz eingefroren wurden und als Vermögensverwalter genau jener Anwalt eingesetzt wurde, den er zur Verteidigung seiner Interessen bestellt hatte.

Durch geradezu räuberische Methoden wurde für Dr. Rau der sichere Alterssitz plötzlich zum Gefängnis. Bei diesen Machenschaften wurde und wird der Anwalt von einem Verbündeten unterstützt, dessen Identität schwer zu verschleiern ist: vom Schweizer Außenministerium in Bern. Das kafkaeske Urteil hat zur Folge, dass jede nur erdenkliche Art von Druck auf den leidenden Herrn ausgeübt wird, um ihn schließlich dazu zu bringen, seinen Besitz freizugeben und sich dem ungeheuerlichen Gerichtsbeschluss unterzuordnen. Er aber gibt keinen Zentimeter nach, und das mit Recht.

Im Rollstuhl sitzend, kann er nach einem Schlaganfall seine Hände kaum mehr bewegen und spricht mit leiser Stimme, aber wer sich die Mühe macht, ihm zuzuhören, wird mit Aussagen von seltener Intelligenz und großer Weisheit sowie einer äußerst originellen Sicht des Lebens und dessen paradoxer Erscheinungen belohnt. Woher ich das weiß? Nun, Gustav Rau ist mittlerweile verständlicherweise angewidert von der Hinterhältigkeit der Schweizer Behörden, denen er vertraut hatte, wie zum Beispiel dem Innenministerium, das mit Verärgerung reagierte, als die Sammlung ohne seine ausdrückliche Genehmigung erst nach Tokio und nun nach Frankreich transportiert wurde. Als Reaktion auf diese unangebrachten Besitzansprüche hat Rau sich entschlossen, die Kinderhilfsorganisation UNICEF als Alleinbegünstigte seiner riesigen Sammlung einzusetzen, um zur Alphabetisierung der afrikanischen Jugend beizutragen.

Weil ihm bekannt war, dass ich für UNICEF arbeite, lud er mich in die Klinik im Schwarzwald, in der er sich aufhält, zum Essen ein. Ich hatte am Vorabend einen Auftritt in Baden-Baden, und so konnte ich die Einladung ohne Schwierigkeit annehmen. Ich werde es nie bereuen. Selten findet man jemanden, der nicht nur selbständig denkt, sondern es auch wagt, seine Träume in die Realität umzusetzen. Sollte ich jemals dazu aufgefordert werden, vor Gericht Dr. Raus Entscheidungsfähigkeit zu bezeugen, so werde ich ohne Zögern antworten, dass es keine medizinische Grundlage dafür gibt, das Gegenteil zu behaupten, sondern nur gaunerhafte und unlautere Motive. Vor kurzem urteilte ein Gericht in Baden-Baden, dass Dr. Rau im Vollbesitz seiner geistigen Kräfte und in der Lage ist, vollkommen selbständig zu entscheiden. Da er deutscher Staatsbürger ist, müssen sich die Schweizer Behörden diesem Urteil beugen, aber in der Hoffnung, dass durch das vorzeitige Ableben von Dr. Rau der Status quo bestätigt werden könnte, zögern sie die Folgen möglichst lange hinaus.

Es fällt schwer, über diese Sache zu sprechen, ohne sich aufzuregen. Es geht um einen Mann, der eine der großartigsten Kunstsammlungen der Welt zusammengetragen hat, was eine größere Leistung ist, als sie sich ein Firmenanwalt je erträumen könnte. Auf anderem Gebiet ist sein Leben bei aller Bescheidenheit und Unauffälligkeit dem des Dr. Schweitzer vergleichbar. Kein Firmenanwalt der Welt hat jemals Ähnliches erreicht. Und jetzt hat Dr. Rau, ein kinderloser Junggeselle, den Wunsch, sein Vermögen solle den Kindern auf dem Kontinent seiner Wahl, Afrika, zugute kommen. Der Anwalt hingegen besteht aus falsch verstandenem

Patriotismus darauf, dass ein einzelnes kleines Land, dem es nicht an Reichtümern mangelt, begünstigt werden soll. So viel zum Thema christliche Ethik und Nadelöhr.

Ich habe die Schweizer Demokratie schon gegen viele, oft schlecht informierte kritische Stimmen verteidigt. Umso brutaler ist der Schock, wenn ich beim Spaziergang in der malerischen Berglandschaft unerwartet in eine besonders übel riechende Kloake gerate.

16. Dezember 2000

Das Lächeln des Joschka Fischer

Leben wir in einer Zeit der wachsenden gesellschaftlichen Toleranz? Es sieht nicht danach aus. Zu bemerken ist im Gegenteil wachsende Unduldsamkeit gegenüber gewissen Merkmalen der gesellschaftlichen Position, die früher stark dominierten. Dazu gehören Uniformen und andere Symbole, denen man einst mit Ehrerbietung begegnete, wie zum Beispiel die Insignien der Gerichtsbarkeit, die Roben der Richter und alles, was zu einem hohen Amt gehört. Zweifellos wurde diese auffallende Veränderung in unseren Wahrnehmungen durch die verstärkte Forderung nach Transparenz im Staatswesen hervorgerufen.

Beinahe zwangsläufig ist unter den vielen, die von Demütigungen betroffen sind, vor denen das hohe Ansehen ihres Amtes sie früher verschont hätte, auch Joschka Fischer, der schelmische deutsche Außenminister, in seinem Land die Persönlichkeit mit dem größten Charisma. Seine Parteizugehörigkeit zu den Grünen macht die durchgehende Transparenz fast schon zum Programm. Im Gegensatz zu anderen stört es ihn nicht, im Kreuzverhör zu stehen, sondern er blüht förmlich auf beim Schlagabtausch in ethischen Debatten mit Staatsanwälten, die sich an die veränderten Bedingungen angepasst und die frühere geheimnisvolle Aura ihres Amtes gegen Aggressivität eingetauscht haben. Zu beobachten war das im Prozess gegen Hans-Joachim Klein, jenen Terroristen, der der Beteiligung an der Geiselnahme bei der OPEC-Konferenz 1975 in Wien angeklagt ist. Klein entzog sich der Strafverfolgung und lebte bis zu seiner Verhaftung

1998 in Frankreich im Untergrund. Joschka Fischer, der vor vielen Jahren mit Klein bekannt war, ist Zeuge in diesem Prozess. Der Staatsanwalt bemühte sich vergeblich, Verbindungen zwischen Klein und Fischer zu konstruieren, was in Fischers ironischer Bemerkung gipfelte, er warte jetzt nur noch auf die Frage, ob Cohn-Bendit und er damals den Dritten Weltkrieg geplant hätten.

Ein gewisses Maß an Sarkasmus ist sicher der richtige Umgang mit inkohärenten Fragen, wie sie in der Hitze des Gefechts gestellt werden. Im Lauf solcher Prozesse wird den Befragten oft vorgeworfen, dass sie ihre Meinung geändert hätten, als ob das ein Verbrechen wäre. Dabei wäre die Demokratie, die alle zivilisierten Menschen als einzig praktikable Regierungsform bezeichnen, in der die menschlichen Grundrechte gesichert sind, ohne solche Veränderungen doch undenkbar. Meinungsänderungen machen einen Regierungswechsel erst möglich.

Und wo wäre die viel gerühmte Demokratie ohne Regierungswechsel? Joschka Fischer ist hoch geschätzt als einer, der sich vom talentierten Jugendlichen durch die Wirren seiner Zeit zum reifen Politiker entwickelte und dabei immer bereit war, seine Einstellung im Detail zu verändern, ohne den Boden der Menschlichkeit zu verlassen. Er ist von seinem Wesen her offen und lässt sich von keinem Staatsanwalt aus der Fassung bringen. Das macht ihn zum zeitgemäßen Minister.

Anders liegt der Fall bei Jacques Chirac, wie Joschka Fischer ein überaus sympathischer Mann. Dies ist aber auch schon die einzige Gemeinsamkeit. Chirac hält hartnäckig an überkommenen Traditionen fest. Er wurde nicht von einem Staatsanwalt befragt – dazu würde er es nie kommen lassen –, sondern von Patrick Poivre d'Arvor, einem in Frankreich populären Fernsehkommentator, interviewt. In diesem Gespräch war Chirac zeitweise freundlich, sogar vertraulich im Tonfall, dann wieder trug er würdige Entrüstung zur Schau, dabei aber immer mit einem Lächeln auf den Lippen.

Nur einmal wurde dieses Lächeln von seinen ständigen Begleitern, den Augen, verlassen, die plötzlich hart und kalt wurden. Die Frage, die diese Reaktion hervorrief, lautete in etwa: »Ist sich der Herr Präsident dessen bewusst, dass zwar die Immunität seines derzeitigen Amtes außer Zweifel steht, dass aber die Unregelmäßigkeiten, die ihm zur Last gelegt werden, vor vielen Jahren geschahen, als er noch das Amt des Bürgermeisters von Paris innehatte, das keine besondere Immunität genießt?« Chirac antwortete ruhig, ja fast belustigt: »Ihre Frage ist schlichtweg impertinent.« Wann haben wir das Wort »impertinent« zuletzt gehört? Als gründlicher Journalist reagierte Poivre d'Arvor wie ein zurechtgewiesener Anwalt vor Gericht und formulierte seine Frage auf der Stelle so, dass sie sinngemäß unverändert war, aber alles vermissen ließ, was als Impertinenz ausgelegt werden könnte.

Das gab Chirac die Gelegenheit, sein großes Unbehagen darüber zu äußern, dass er ein hohes Amt im Staat bekleide, in dem er ständig mit Vorwürfen zu rechnen habe, das es ihm aber zugleich unmöglich mache, darauf zu reagieren. Chirac sieht sich also gern als Stimme und Orakel in einer Person. Und doch kommt unter Freunden seine natürliche Herzlichkeit zum Vorschein, und es ist ihm sehr wichtig, als ein Mensch wie du und ich angesehen zu werden.

Joschka Fischer ist ein Mensch wie du und ich. Das ist der Unterschied. Auch auf Bill Clinton trifft das zu. Leider hat das amerikanische Volk zwar großen Respekt vor dem Amt des Präsidenten, aber viel weniger vor dem jeweiligen Präsidenten selbst.

All das sucht Jacques Chirac in Frankreich zu vermeiden. Und all das kostet Joschka Fischer ein Lächeln, in welcher Situation auch immer. Er ist weder Präsident, noch will er etwas verschleiern.

10. Februar 2001

Die Maus im Lüftungsrohr

Religion ist ein äußerst schwer zu erfassendes Thema. Um nicht falsch verstanden zu werden, will ich zunächst meine eigenen Gedanken dazu zu Papier bringen. Was meine religiöse Orientierung betrifft, so bemühe ich mich, für die Wahrheit nach allen Richtungen offen zu sein, und bin dabei nicht abgeneigt, ketzerische Lehren gründlich zu prüfen, bevor ich sie verwerfe – oder übernehme.

Ich wurde als lutherischer Protestant geboren, und so ist es auch im Geburtenregister von Schwäbisch Gmünd östlich von Stuttgart vermerkt, wo ich getauft wurde. Neben einem Onkel als Taufpaten hatte ich nicht weniger als neun Taufpatinnen. Da mein Vater beim Flirten sehr fleißig war, vermute ich hinter der ungewöhnlich hohen Anzahl von Taufpatinnen ein Zeichen dafür, dass meine Geburt den Endpunkt für mehr als nur eine Affäre bedeutete und dass das Ehegelöbnis fortan etwas ernster genommen werden sollte. Mein Großvater war russisch-orthodox getauft, verliebte sich in eine Protestantin und trat zu ihrem Glauben über, um sie heiraten zu können. Als Armeeoffizier war ihm das untersagt. Protestanten baltischer oder skandinavischer Herkunft konnten in der Armee des russischen Zaren weiter ihrer Glaubensgemeinschaft angehören, aber Russisch-Orthodoxe durften nicht zu anderen Religionen übertreten.

Die Einhaltung dieser Vorschrift wurde durch einen Eid auf den Zaren und die Heilige Orthodoxe Kirche erzwungen, den alle Offiziere einmal im Jahr abzulegen hatten. Dass mein Großvater sich für eine andere Religion entschied, brachte ihm vierzig Jahre Exil ein.

Dem anderen Zweig meiner Familie ist es kaum besser ergangen. Meine Mutter stammte aus einer französischen Familie, die seit der Französischen Revolution in Russland lebte, und trat während der Revolution in Russland zum Katholizismus über. Ihr Vater, der Hofarchitekt des Zaren, war gebürtiger Katholik, aber auf dem Sterbebett wurde ihm die Letzte Ölung verweigert, weil er eine Nichtkatholikin geheiratet hatte. Eingesprungen ist jener Dominikanermönch, der meine Mutter bekehrt hatte, womit also zwei gerettete Seelen auf sein Konto gingen.

Während meiner Schulzeit gab es einige Versuche, mein Interesse für die katholische Religion zu wecken, was die Aufgabe meiner Mutter gewesen wäre, die das aber kaum mehr kümmerte. Sie war ein durch und durch guter Mensch, und für mich kam ihre Tugend aus ihrer Seele und war nicht auf äußere Einflüsse zurückzuführen. Statt einer der vielen Glaubensrichtungen in dieser Welt hat sie mir den Glauben an das Wesen der Menschen mitgegeben. Als ich in England in die Schule ging, musste ich jeden Morgen vor dem Unterricht in der Kathedrale von Westminster beten, und trotz der wunderbaren gotischen Architektur hat mich das keine besonders große Ehrfurcht gelehrt. Das öde Absingen einstimmiger Kirchenlieder habe ich schon immer als Verleugnung der Musikalität empfunden, und es ist mir ein Rätsel, wieso man bei Kirchen- und Nationalhymnen stehen muss, wo doch die meisten ihrer Texte und Melodien von schauderhafter Mittelmäßigkeit sind, während wir bei den wahren Manifestationen des Göttlichen wie den

Streichquartetten von Beethoven und Schubert sitzen bleiben. Der einzig vorstellbare Grund ist, dass die Streichquartette länger dauern, was die Aufmerksamkeitsspanne der älteren Zuhörerschaft verringern könnte.

In der Armee wiederholte sich das Ritual, hinzu kam nur das Klappern der Gewehre auf dem eiskalten Boden beim Niederknien der Soldaten zum äußeren Beweis ihres Glaubens. Zwar haben Menschen die Anwesenheit Gottes gefühlt, aber niemand hat Gott je gesehen, und darum ist es nachvollziehbar, dass die Moslems jede physische Darstellung nicht nur Gottes, sondern auch des Propheten verbieten. So bleibt Er, Sie oder Es für alle Ewigkeit in der Vorstellung der Gläubigen. Aber wenn man es mit dieser großen Herausforderung für die Vorstellungskraft so weit treibt wie zur Zeit die Taliban in Afghanistan, die jahrtausendealte Statuen zerstören, dann negiert man damit die Toleranz, welche alle Religionen predigen, und beweist lediglich, dass es immer wesentlich leichter ist, etwas zu zerstören, als etwas zu erschaffen – vor allem für jene, die unfähig sind, etwas zu erschaffen.

Der Buddhismus ist da anders. In unserem Hotel in Thailand entdeckte das technische Personal in einem Lüftungsrohr eine Ratte und eine Maus. Beide Tiere wurden gefangen und dann im Dschungel ausgesetzt. Kein Wunder, dass Buddha, der erste Umweltschützer, so freundlich lächelt.

Wer einer christlichen Religion angehört, hat dank der Malereien, die Michelangelo, Raffael, da Vinci, Giotto und andere im Auftrag Roms zu Werbezwecken ausführten, eine sehr klare Vorstellung davon, wie Christus aussah. Für mich sind diese Bilder großartige Kunstwerke, aber als Propaganda lassen sie mich kalt. Der Glaube ist eine einsame Beschäftigung, und wer das Gewissen spürt, hat Gott geschaut. Dabei sollten wir es belassen.

17. März 2001

Gedanken über Gott – und die Welt

*I*n den achtzig Jahren meines Lebens sollte ich so einiges gelernt haben. Was das alles ist, möchte ich mir heute einmal ansehen. Zum Beispiel, dass es die menschliche Seele gibt. Sie ist jener Teil von uns, der im Lauf der Zeit Erfahrungen sammelt, aber dabei nicht altert. Sie ist noch genauso jung und unverdorben wie bei unserer Geburt, nur etwas vorsichtiger, wachsamer, realistischer. Dass das Weltall in seiner Unermesslichkeit nicht aus Zufall existiert, ist – bei aller Bescheidenheit – offensichtlich. Es stellt uns vor das höchste Rätsel, fordert unser logisches Denken bis zum Äußersten und ringt uns Ehrfurcht durch seine imposante Größe ab.

Dieser flüchtige Blick nach oben bringt mich unweigerlich auf die Religion und unseren Versuch als Menschen, eine Verbindung zu schaffen zwischen den Weiten, die uns umgeben, und dem Glauben in unserem Innern. Dass sich Menschen mit Religion befassen, ergibt sich aus der Vielzahl von Erscheinungen, die wir noch nicht verstehen. Natürlich muss die Religion einen strategischen Platz zwischen den Menschen und dem großen Rätsel des Universums einnehmen und ihre Existenz dadurch rechtfertigen, so zu tun, als habe sie die himmlischen Codes geknackt und könne überall durchblicken, wo es dem Normalsterblichen untersagt bleibt. Dass alle Religionen sich zur universellen Liebe bekennen, ist ein Beweis für bewundernswertes Teamwork. Nur wird dieser Eindruck dadurch zunichte gemacht, dass jede Religion Exklusivität für ihre eigene Glaubensrichtung beansprucht, was immer auf Kosten aller anderen geht. Die allumfassende Liebe kennt also gewisse Ausnahmen, die sie nicht umfasst. Wenn es einen ruhigen Winkel gibt, wo wir ungestört mit der Frage nach unserer Stellung als Einzelne in den unendlichen Weiten ringen können, dann ist das die Stille unserer Seele. Jedoch waren die Religionen sich in der Vergangenheit ihrer Macht über die Vorstellungskraft ihrer Angehörigen so wenig sicher, dass sie Menschen, die subversiver Gedanken verdächtigt wurden, folterten und töteten.

Um nun wieder zur Erde zurückzukehren, wo ich hingehöre und die meiste Zeit verbringe: Ich stelle fest, dass mein Glaube an die Spezies Mensch im Lauf meines Lebens stärker geworden ist. Das Volk ist nicht mehr der Pöbel aus der Römerzeit oder die Masse der kommunistischen Doktrin, sondern eine Ansammlung von Einzelnen, die sich auf ein gemeinsames Ziel konzentrieren. Die erste russische Revolution war ein wichtiges historisches Ereignis, sie verursachte Millionen Tote und unsagbare Ungerechtigkeiten. Die zweite russische Revolution war mindestens so wichtig, und doch ging sie vorüber wie das sanfte Plop eines Korkens aus einer Flasche trägen Champagners; kaum Tote, kein Grund für Ungerechtigkeiten.

Aber bei allem Fortschritt gibt es in vielen Teilen der Welt Beispiele für rückschrittliches Denken, das auf der lächerlichen Idee der Reinheit von Rassen und damit verbundenen ethnischen Säuberungen basiert. Dass solche Gedanken immer noch auftauchen, ist ein Beweis für die schreckliche Macht von Vorurteilen, einer Krankheit, gegen die selbst Gelehrte noch kein Mittel gefunden haben. Am meisten unter Vorurteilen gelitten haben wohl die Angehörigen des jüdischen Glaubens, die die Diaspora dafür verantwortlich machen, dass ihr Volk in alle Windrichtungen zerstreut wurde. Das mag stimmen, und doch verhalf ihnen gerade die Diaspora zu jenem internationalen Ansehen, das sie als Volk von ungewöhnlicher Intelligenz, Scharfsinn und Abstraktionsvermögen zu Recht genießen. Hätten Spinoza, Freud, Einstein und eine lange Reihe weiterer großer Persönlichkeiten weltweite Anerkennung erlangt, wenn ihr Volk im Gelobten Land geblieben wäre? Bestimmt nicht. Der moderne Zionismus hat den Weg zur Normalität einer Regierung freigemacht, die menschliche Schwächen und Widersprüche aufweist wie jede andere – es ist die einzige Demokratie in diesem Teil der Welt, aber mit Bürgerinnen und Bürgern zweiter Klasse und dem Rechtfertigungsanspruch einer Theokratie, voll ungelöster Probleme und kaum von jener Einzigartigkeit geprägt, die sich die Angehörigen des jüdischen Volks im Exil erworben haben und deren sich der Staat Israel rühmt.

Wenn ich mich hier über eine Angelegenheit verbreite, die mich gar nicht zu betreffen und nichts anzugehen scheint, so deshalb, weil ich im Exil eines Landes fern der Heimat meiner Familie geboren wurde. Im Lauf der Zeit bin ich mit drei verschiedenen Pässen gereist: einem britischen, einem US-amerikanischen und einem Passierschein der Vereinten Nationen. Nur Letzterer entsprach meinem Naturell. Meine Laufbahn hat mich in alle Teile Westeuropas und einige Teile der Neuen Welt geführt. Erst vor kurzem kam ich bis nach Osteuropa. Hätte es in meinem Leben keine Diaspora gegeben und hätte ich Ackerland am Ufer der Wolga geerbt, so wäre ich geistig und emotional den Anforderungen nicht gewachsen gewesen, die ich in meinem Leben zu bewältigen hatte und die ich so genoss. Davon bin ich überzeugt.

Ich bin nun am Ende meines Artikels angekommen, aber das meiste, was ich sagen wollte, blieb ungesagt. Jetzt darf ich mich wohl erschöpft zurücklehnen – in meinem Alter? Warten Sie bitte ab, bis ich 81 bin. Dann wird sich auch George W. Bush einen eigenen Artikel verdient haben. Er bleibt sich treu, sonst lässt sich über seine Beweggründe nicht viel sagen.

20. April 2001

Das Selbstvertrauen des Silvio Berlusconi

*D*ass Silvio Berlusconi nach seinem Wahlerfolg die Regierungsgeschäfte übernehmen wird, erscheint mir als beispielloses und zugleich beunruhigendes Ereignis in der Entwicklung Europas. In einem italienischen Fernsehkommentar hieß es, dass im Wahlergebnis eher ein amerikanischer Einfluss abzulesen sei als ein für Europa charakteristischer Trend. Mit Forza Italia wurde zum ersten Mal in der Geschichte eine Partei an die Macht gewählt, die in keiner politischen Tradition steht. Zwar hat Berlusconi mit der berüchtigten Lega Nord unter Umberto Bossi und mit der Nachfolgepartei der früheren neofaschistischen MSI unter Gianfranco Fini ein Bündnis geschlossen, aber diese pragmatische Verbindung könnte leicht gelöst werden, wenn Forza Italia ohne Hilfe der Bündnispartner regieren kann.

Für einen Mann von Berlusconis enormem Reichtum ist es indes natürlich, politisch rechts zu stehen. Es wäre geschmacklos und unglaubwürdig, wenn er sich in seiner derzeitigen Situation als Sozialist gebärden würde oder auch nur als Idealist und Philanthrop in der Art eines Andrew Carnegie. Berlusconi ist vielmehr ein talentierter Geschäftemacher, der allzu gern im Rampenlicht steht, als dass er sich mit der Formulierung ethischer Überlegungen aufhalten würde, wie sie beim Ergreifen einer politischen Laufbahn üblich sind. Er selbst erklärt, dass er das Land ähnlich führen will wie sein erfolgreiches Firmenimperium, und sein überschwänglicher Optimismus erinnert an die Verheißungen von Autoren auf der anderen Seite des Atlantiks: »Auch Sie können viele Millionen machen, wenn Sie eine Hand voll Dollar für mein Buch ausgeben.« Diese erfrischende Einladung an die italienische Bevölkerung war es, die ihn bei den Wahlen unwiderstehlich machte. Nüchtern betrachtet, würde er den Aufstieg auch nur einer einzigen Person seiner Finanzkraft und seines Einflusses wohl nicht begrüßen und einem Berlusconi-Klon den Weg nach oben bestimmt nicht ebnen.

In der italienischen Wirtschaft ist nur für einen Berlusconi Platz, sein immer währendes Lächeln strahlt immenses Selbstvertrauen aus und wirkt dabei noch ansteckend. Der bekannte Schauspieler Roberto Benigni hat es so ausgedrückt: »Berlusconi muss immer im Mittelpunkt stehen. Geht es um eine Hochzeit, dann ist er der Bräutigam. Geht es um ein Begräbnis, dann ist er die Leiche.« Und, so möchte ich hinzufügen, wenn es um eine Wahl geht, dann muss es eine große Marketingkampagne sein, die er selbst genial entwirft und inszeniert. Ob seine Wahlversprechen einlösbar sind oder nicht, wird sich erst mit der Zeit herausstellen, jedenfalls sind sie von unzähmbarem Optimismus und so gewagt wie ein heißer Wetttipp für Spielernaturen und wie das ermutigende Lächeln der Wahrsagerin für Abergläubische, die die Zukunft aus dem Kaffeesatz liest. Als Alternative zu ausgebrannten Berufspolitikern präsentiert Berlusconi neue Namen von Personen, die noch nicht im Parlamentsalltag aufgerieben wurden, darunter den äußerst beliebten Luca di Montezemolo. Es wurde kolportiert, dass er drauf und dran sei, seine Position als Ferrari-Chef im Fiat-Konzern zugunsten eines Kabinettspostens in der neuen Regierung aufzugeben – eine außergewöhnliche PR-Maßnahme.

Unglücklicherweise machte David Coulthard Berlusconi einen Strich durch die Rechnung, als er ausgerechnet am Wahltag den Österreich-Grand-Prix in einem McLaren-Mercedes gewann und die beiden Ferraris auf die Plätze zwei und drei verdrängte. Aber solche geringfügigen Fehlkalkulationen zeigen lediglich, dass Berlusconi auch nur ein Mensch ist. Warum also das schlechte Vorgefühl? Es ist noch nicht so lange her, dass das Europäische Parlament auf die Regierungsbeteiligung der Haider-FPÖ in einem Akt der Selbstgerechtigkeit mit der Verhängung von Sanktionen gegen die österreichische Regierung reagierte, um damit eine demokratische Fehlentscheidung zu bestrafen. Heute erklären die europäischen Behörden, dass im Fall von neofaschistischen Regierungsmitgliedern keine vergleichbare Aktion gegen die italienische Regierung geplant sei. Heißt das, dass die EU-Autoritäten aus der Erfahrung mit Österreich gelernt haben und bemüht sind, Überreaktionen zu vermeiden, oder dass gegen Italien weniger leicht vorzugehen ist als gegen das kleinere Österreich?

Wie man es auch betrachtet, dieses Paradox ist der Entwicklung eines europäischen Geistes nicht eben würdig. Mich persönlich beunruhigen die ewiggestrigen Faschisten viel weniger als die Epidemie der Mittelmäßigkeit, ein zwangsläufiges Resultat der skrupellosen medialen Vermarktung, die auch vor menschlichen Werten nicht Halt macht. Alles wird verhandelbar, sogar Prinzipien. Das Ganze wird mit leichter Unterhaltung garniert und von Tausenden Fernsehkanälen ins Haus geliefert, von denen einer geschmackloser ist als der andere. Einige dieser Sender leisten ihren Beitrag zum Lächeln des Signore Berlusconi.

2. Juni 2001

Wo ist das »Große Busen-Massiv«?

Vor kurzem wurde vom Europäischen Parlament ein Forum zum Thema Sprache organisiert. Zu meinem Bedauern musste sich meine Teilnahme auf eine Videoeinspielung beschränken, da ich mich gerade in Kanada aufhielt. Im Anschluss entspann sich offenbar eine lebhafte Debatte, was mich kaum überrascht. Eine der großen friedlichen Auseinandersetzungen unserer Zeit ist der ständige Kampf um linguistisches Territorium und um das Bewahren bestehender Traditionen.

Französisch galt früher als die alleinige Sprache der Diplomatie, hat aber inzwischen ein ähnliches Schicksal erlitten wie die Diplomatie selbst, die durch eine Vielzahl elektronischer Vorrichtungen entzaubert wurde. In einer codierten Nachricht ist kein Platz für Subtilität oder Geschliffenheit. Sogar kolonialistische Tendenzen manifestieren sich im Kampf um die Sprache.

Ein besonders auffälliger Vertreter des linguistischen Fundamentalismus neuer Prägung ist der zu Recht erfolglos gebliebene US-amerikanische Präsidentschaftskandidat Pat Buchanan, der mit anklagender Stimme fordert, dass in den Vereinigten Staaten nur noch auf Englisch kommuniziert werden soll; dadurch würde die gesamte Bevölkerung gezwungen, sich der Mehrheit anzupassen und Spanisch und alle anderen gebräuchlichen Minderheitensprachen aufzugeben, was auch die Sprachen der ursprünglichen Einwohnerschaft Nordamerikas mit einschließt.

Wenn man diese grausame Idee konsequent weiterverfolgt, bedeutet das unweigerlich auch die entsprechende Umbenennung geographischer Bezeichnungen: Die Stadt Baton Rouge in Louisiana (zu Deutsch »Roter Stab«) müsste dann »Red Stick« heißen, Detroit (im Deutschen »Engstelle«) würde in »Narrows« umbenannt, Corpus Christi (»Leib Christi«) in »Christ's Body« und die Grand Teton Mountains (eingedeutscht etwa »Großes Busen-Massiv«) in »Big Bust« oder sonst etwas Flottes.

Wer alles Fremde aus einer Sprache entfernen will, nimmt ihr damit zugleich ihre charakteristische Schönheit und löscht die Spuren der Begegnungen mit anderen Kulturen aus. In Frankreich fühlt man sich durch Entwicklungen wie die Übernahme des Englischen als Verkehrssprache der Luftfahrt begreiflicherweise zurückgedrängt und holt in einer Weise zum Gegenschlag aus, die nicht gerade von unbändigem Humor zeugt. Für englische Ausdrücke in der Sportwelt wurden mit der Akribie der Académie Française französische Pendants gesucht. Dabei hat Englisch viel mehr Ausdrücke französischen Ursprungs in seinem Vokabular, als Französisch von englischen Wörtern verunreinigt wird. Die babylonische Sprachenverwirrung, die von Strenggläubigen als Strafe Gottes für die damaligen Missetaten der Menschheit angesehen wird, war eigentlich das größte Geschenk, das eine Gottheit den Menschen machen konnte. Bei näherer Überlegung gibt es kaum einen Zweifel daran, dass die Menschheit sich längst ausgelöscht hätte, könnte sie sich direkt und ohne Sprachvermittlung verständigen. Durch das Nichtverstehen kam eine Art Mysterium ins Spiel, das unüberlegte Aggression hemmte und Vorsicht auf den Plan rief.

Heute werden die Mächtigen mittels elektronischer Hilfsmittel zur schnellen Übermittlung halb ausgegorener Entscheidungen gedrängt, und es steht außer Frage, dass viele hochgefährliche internationale Krisen durch Ungenauigkeiten beim Dolmetschen während Verhandlungen gerade noch abgewendet werden konnten. Das ist als Kompliment an die Intelligenz der Dolmetschenden gedacht und keineswegs als Kritik an ihrer Kompetenz.

Ich erinnere mich noch genau an die erste bedeutende Rede von Michail Gorbatschow beim Moskauer Friedensforum kurz nach seinem Amtsantritt. An einem wichtigen Punkt seiner Ausführungen hielt er unerwartet inne und erkundigte sich, ob er für die Dolmetscher zu schnell gesprochen habe. Nach kurzer Beratung im Dolmetscherteam meldete dessen Sprecher, dass Gorbatschows Vortragstempo für eine flüssige Wiedergabe doch etwas zu hoch gewesen sei. Gorbatschow ersuchte, man möge ihn jederzeit unterbrechen, falls das nochmals vorkommen sollte, denn er sei zur Verbreitung seiner Ideen stark auf die Dolmetscherinnen und Dolmetscher angewiesen.

Ich war wohl nicht der Einzige, der in diesem Moment erkannte, dass das Wertesystem dieses sowjetischen Präsidenten in Ordnung war. Die Vielfalt der Sprachen bringt Farbe ins Leben, so wie die Natur es tut. Auf Reinheit der Sprache zu bestehen ist so wirkungslos, als würde man den Wechsel der Jahreszeiten anhalten wollen. Unreinheit ist ein natürlicher Zustand, und die Luft hat einen hohen Anteil an sprachlichen Pollen. Ähnliches gilt für andere Einflüsse. Marco Polo brachte die Pasta aus China mit und bescherte Italien damit unverwechselbaren kulinarischen und kulturellen Reichtum, ohne etwas aus dem großen kulturellen Erbe Chinas zu entfernen. Und wie es sich mit den Spaghetti verhält, so ist es auch mit den Wörtern.

28. Juli 2001

Jenseits von Gut und Böse

Was am 11. September in New York und Washington geschah, hätte niemand vorhersehen können und schon gar nicht eine so riesige und schwerfällige Behörde wie die CIA.

In den fortschrittlichsten Ländern der Welt wird es als gegeben vorausgesetzt, dass gewisse Verhaltensregeln selbst noch im Kampf auf Leben und Tod eingehalten werden. Aus dem Mittelalter hat sich die Vorstellung einer gewissen Ritterlichkeit bei Kampfhandlungen erhalten, freilich auf die Probe gestellt von Ideologien wie der eines »Krieges ohne Opfer« ... auf der eigenen Seite, was impliziert, dass die Toten der anderen Konfliktpartei von Natur aus weniger wert seien. Auf die Lebenden angewendet, würde eine solche Sichtweise als politisch inkorrekt eingestuft. Offenbar glaubt man, dass es den Toten nicht mehr darauf ankommt.

Aber abgesehen von solch ungeheuerlicher Geschmacklosigkeit war eine dermaßen wahllose, monströse, kompromisslos böse und dabei relativ einfache Antwort auf die arrogante Star-Wars-Hochtechnologie unvorstellbar. Während brillante wissenschaftliche Teams im Weltall für den letzten Schlag gegen den Terrorismus forschten, erfolgte der Gegenzug auf einer viel niedrigeren Ebene. Mit Taschenmessern und scharfen Gegenständen mit Plastikgriffen bewaffnete Fanatiker stahlen vier Flugzeuge und lenkten sie in wichtige Gebäude; auf ihrem sicheren Himmelfahrtskommando nahmen sie über hundert unschuldige Fluggäste mit, die mit Selbstmord nichts im Sinn hatten. In den Gebäuden starben

Tausende andere Menschen, die gerade ahnungslos ihren Arbeitstag begannen.

Ein wahres Horrorszenario, bar jeder Zurückhaltung, die sich sogar die Gewalttätigsten aus natürlichem Respekt vor Unschuldigen auferlegen.

Die große Welle der Sympathie für die USA entstand aus dem Grauen über diesen Bruch von Anstandsnormen, dieses erfolgreiche Ausloten der Tiefen der Sittenwidrigkeit. Bisher sind die Reaktionen als gesund und reif zu bezeichnen, wobei man bei den US-Amerikanern immer stärker merkt, wie der Fuß sich in Richtung Gaspedal streckt, während die Bündnispartner, alte wie neue, lieber auf die Bremse steigen wollen.

Die Versuchung, den großen Militärapparat in Gang zu setzen, der zu ihrer Verfügung steht, ist für US-Militärstrategen immer präsent, aber man sollte sich vernünftigerweise vor Augen halten, dass die einzigen Waffen, die auf der Gegenseite bisher verwendet wurden, ein paar Messer und gestohlene, zu Raketen umfunktionierte Flugzeuge waren. Aus dem Vietnamkrieg sollte man mittlerweile gelernt haben, dass Hochtechnologie in der Hand von Spezialisten nur gegen jene wirksam ist, die auf einer etwas niedrigeren technologischen Ebene operieren. Sie ist jedoch viel zu distanziert und überheblich, um sich gegen den Erfindungsreichtum der Armut und den Einfallsreichtum der Verzweiflung durchzusetzen.

Als unheilvoll berührt uns die Aussage von Präsident Bush, ein Kampf zwischen Gut und Böse stehe bevor. Es werden also unsere alten Freunde und Feinde heraufbeschworen. Die Dämonisierung von Fidel Castro, Oberst

Gaddafi und Saddam Hussein haben wir schon erlebt. Gegen sie gab es Militäraktionen, Sanktionen und andere Strafmaßnahmen, und alle drei halten sich noch immer recht sicher an der Macht. Nun ist offenbar der undurchsichtige Osama bin Laden dran, einst ein Verbündeter der USA wie General Noriega – der eine gegen das Schreckgespenst des Kommunismus, der andere gegen Drogenbarone.

Wie so oft in der neueren Geschichte haben die USA den Falschen unterstützt und waren daher gezwungen, ihre Position zu ändern, was nicht immer ohne Peinlichkeiten abging. Auch der Schah und General Pinochet sind unter jenen, die auf den Beistand der USA zählen konnten und sich später als seiner unwürdig erwiesen.

Heute kann man nur hoffen, dass der verständliche Wunsch nach Vergeltung keine Reaktion in der Größenordnung auslösen wird, die die Stellung der USA als unangefochtene Weltmacht widerspiegeln würde und die schon aufgrund der Dimensionen undifferenziert und in gewissem Sinn auch ungerecht wäre. Wir erhoffen eine Reaktion mit Geschick auf menschlicher Ebene, die das Rätsel um die Täter mit jenem Respekt für unschuldig Umstehende lösen wird, der der Gegenseite so offensichtlich abgeht.

In jedem Fall haben die USA unsere volle Unterstützung ebenso verdient wie unser tiefes Mitgefühl.

22. September 2001

Briefe, Bomben und Botschaften

Vor einiger Zeit schrieb ein hochrangiger britischer General ein Buch über den Dritten Weltkrieg. Ich habe es nicht gelesen, muss ich gestehen, denn das Thema spricht mich nicht besonders an. Ich habe mir immer vorgestellt, wenn ein solcher Albtraum je passieren sollte, wäre noch Zeit genug, alles Notwendige zu erfahren – oder es wäre gar keine Zeit. Glaubt man Präsident Bush, so ist der Albtraum jetzt wahr geworden, und ich bin sicher, dass alles ganz anders ist, als es der General in dem Buch, das ich nicht gelesen habe, bei all seinem Durchblick vorhersah. Aber das sollte ihn nicht bekümmern, denn er befindet sich in sehr guter Gesellschaft – nämlich der von uns allen.

Was Befürworter von Hochtechnologie-Kriegsführung leicht vergessen: Dazu gehören zwei, wie man so sagt. Diesbezüglich waren die Sowjets die richtigen Gegner für die US-Amerikaner, technologisch immer einen halben Schritt hinterher, aber trickreich und beflügelt von der Erfahrung, Nazideutschland bezwungen zu haben. Die Aussicht auf eine Konfrontation der beiden Supermächte reizte Militärexperten, in Büchern und Artikeln in unheilschwangerem Ton mögliche Szenarien zu entwerfen. Das Star-Wars-Programm, das die USA gegen alle Gefahren schützen sollte, die in der Stratosphäre lauern könnten, hatte vor dem 11. September vehemente Befürworter, aber seit diesem Tag ist es um das Thema seltsam ruhig geworden – warum eigentlich?

Ich muss an jenen US-Militär denken, der zur Zeit der NATO-Bombardierung im Kosovo seiner Bitterkeit Ausdruck verlieh, indem er meinte, die USA hätten den Gegner vernichtend geschlagen, wäre dieser technologisch nur ein wenig höher entwickelt gewesen. Ich verglich seinen Ausbruch damals mit einer Szene im Boxring vom Madison Square Garden, als ein Riese gegen einen Zwerg antrat. Kenner der Szene waren sich einig, dass der Zwerg keine Chance hatte und gegen den Riesen nicht einmal die erste Runde überstehen würde. Doch als der Kampf begann, erwischte der Riese gerade immer nur den Scheitel des Zwergs, der seinerseits den Riesen ebenso wenig erreichen konnte. Nach der fünften Runde rief der Trainer des Riesen entnervt: »Wenn dieser Zwerg nur ein paar Zentimeter größer wäre, hätte ihn mein Champion längst in den Boden gestampft.« Jetzt hat, wie wir hören, der Dritte Weltkrieg begonnen, und erwartungsgemäß macht die technologische Hochrüstung keine besonders gute Figur. Der Himmel ist voller Getöse von einer bestürzenden Anzahl von Bombern, die mit chirurgischer Präzision stecknadelgroße Ziele treffen können. Das Problem dabei ist, dass überall, wo der Mensch seine Hand im Spiel hat, auch Fehler passieren und selbst großen Chirurgen manchmal ein Missgeschick unterläuft. In Afghanistan gibt es freilich weniger kaputtzumachen als damals am Balkan. Eine so peinliche Aktion wie die Zerstörung der chinesischen Botschaft wird sich kaum wiederholen. Bisher wurde ein Lager des Roten Kreuzes mit Lebensmitteln und Decken versehentlich getroffen. In diesem Zusammenhang möchte ich eine ausgezeichnete Karikatur erwähnen, die dieser Tage in einer Schweizer Zeitung erschien. Man sieht darauf ein riesiges Flugzeug, das Lebensmittelpakete abwirft, jedes mit der Aufschrift »US-Food« und der amerikanischen Flagge versehen, und am Boden in der Ferne eine Gruppe Taliban, von denen einer kommentiert, das sei wohl wieder so ein Werbeblock.

Präsident Bush stellte neulich die Frage, warum die USA in manchen Teilen der Welt so unbeliebt seien und das Gute, das ihnen innewohne, nicht gleich für jedermann ersichtlich sei. Nun, möglicherweise sollte man bei der Mischung aus hehrem Idealismus und geradezu zynischem Pragmatismus etwas mehr auf die Glaubwürdigkeit achten, als das zur Zeit der Fall ist. Das Abfeuern von Raketen und der gleichzeitige Abwurf von Lebensmittelpaketen ist dafür ein gutes Beispiel. Die Botschaft, die dabei übermittelt wird, muss sowohl bei Stammeskriegern als auch bei hungernden Familien verstümmelt ankommen. Dass zu Pakistan, einem jener beiden Länder, die das Taliban-Regime anerkannt haben und ihm gegenüber immer noch eine zweifelhafte Position einnehmen, seitens der USA plötzlich freundschaftliche Beziehungen herrschen, ist vielleicht ein brillanter politischer Schachzug, aber ethisch verwerflich, und das lässt sich nie fein säuberlich auseinander halten. Afghanistan wird nicht lange im Zentrum des Interesses bleiben. Die wahren Kriegsschauplätze sind die Geheimdienste, die Postbehörden, die Banken, die Zoll- und Küstenwache in den USA und anderswo. In vielen Teilen der Neuen Welt haben sich Terroristen schon vor Jahren niedergelassen und planen seither minuziös ihre zukünftigen Vorhaben. Sie stellen eine viel größere Bedrohung dar, als es der Kommunismus je war. Wie viele von ihnen wohl die Frage der Einreisebehörde: »Haben Sie die Absicht, die Regierung der USA zu stürzen?« wahrheitsgetreu beantworten?

Heute scheint die Sonne, und ich frühstücke im Garten. Es ist der 38. Tag des Dritten Weltkriegs. In meiner Post war ein Brief aus Sankt Petersburg. Man kann sich ausmalen, wie froh ich war, dass er in Russland aufgegeben wurde und nicht in Florida – mit weißem Pulver als Inhalt.

5. November 2001

Fakten, Fotos und die Folgen

In unserer schnelllebigen Zeit ist es ungewöhnlich, die Einleitung eines so pompösen und behäbigen Unterfangens mitzuerleben, wie es der Prozess gegen Slobodan Milošević vor dem Kriegsverbrecher-Tribunal in Den Haag ist. Er wird nach dem Muster der Nürnberger Prozesse am Ende des Zweiten Weltkrieges abgehalten, eines Verfahrens, das die gegenwärtige Demonstration von Autorität der Siegermacht durch die große Zahl der Angeklagten und die Menge der Ankläger übertraf. Was damals eine chaotische Symphonie war, ist heute mittelmäßig vorgetragene Kammermusik.

An den Prozessen vor über 50 Jahren war einiges offenkundig nicht stimmig. Allein die Vorstellung, ein halbherziger Kompromiss zwischen so verschiedenen Rechtssystemen wie dem französischen, dem britischen, dem der USA sowie der Sowjetunion könnte das oberste Rechtsprinzip für ein Tribunal darstellen, mutet grotesk an. Angesichts der Ungeheuerlichkeit der in ihren abscheulichen Zielen und ihrer gründlichen Planung historisch beispiellosen Naziverbrechen wurde die Integrität des Gerichtshofes nicht infrage gestellt. Auch wenn inzwischen Zweifel aufgetaucht sind, ob in der Rechtsprechung mit gleichem Maß gemessen wurde, ist es unumstritten, dass die Prozesse notwendig waren, um hinter ein trauriges Kapitel in der Menschheitsgeschichte einen Schlusspunkt zu setzen.

Im Rückblick auf die elende Geschichte europäischer Konflikte des letzten Jahrhunderts lässt sich nicht nur ein

Element der Kontinuität ablesen, sondern auch die Tatsache, dass die Friedensverträge, die zwischen einer feindseligen Haltung und der nächsten lagen, in hohem Maß für ihr wiederholtes Auftreten verantwortlich waren. Diese Verträge hatten immer strafenden Charakter und waren dazu bestimmt, die Besiegten zu demütigen, schürten aber auch aufkommende Rachegefühle. Bei den Pariser Vorortverträgen stellten die Unterhändler der Siegermächte zwar elegante Anzüge, Zylinder und die unerlässlichen weißen Handschuhe zur Schau, aber bei der Aufteilung von Österreich-Ungarn und des Osmanischen Reichs gingen sie in ihrem Eifer eher wie ungeübte Chirurgen zu Werke und wollten die Wunden des Krieges verbinden, ohne sie zuvor zu desinfizieren. Im Zuge ihrer Operationen entstanden die Tschechoslowakei und Jugoslawien, und keiner der beiden Staaten überlebte in der Form, wie es sich die Gründer vorgestellt hatten. Was das Osmanische Reich betrifft, so entstand der Irak aus der osmanischen Provinz Mesopotamien; Kuwait, ein Staat, der wesentlich jünger ist als ich, wurde zur Wahrung britischer Ölinteressen gegründet; Syrien und der Libanon kamen unter französisches Protektorat, und Palästina wurde britisches Mandatsgebiet.

Aus den schlecht versorgten Wunden war 1939 ein Geschwür geworden, als die Mächtigen im wieder erstarkten Deutschland sich mit den affektierten Führern Italiens und mit Japan, einem weiteren frustrierten Imperium, zusammentaten, um die Weltkarte noch gründlicher zu verändern, als es die berüchtigten Verträge vermocht hatten. Diesmal wurden die Feindseligkeiten erst eingestellt, als der Sieg eindeutig war, und somit wurde die Demütigung, die für die siegreiche Seite so wichtig ist, an völlig vernichteten Staaten durchgeführt, anstatt dass man die weißen Flaggen der Kapitulation respektiert hätte. Bekanntermaßen standen am Ende des zweiten Kriegs zur Beendigung aller Kriege die Nürnberger Prozesse und der Marshall-Plan, ein erster Hoffnungsschimmer von Gnade und Zukunftsperspektive, die der Versailler Vertrag so eindeutig vermissen ließ.

Nun zum dritten Beispiel von vergleichsweise kleinerem Ausmaß, da die großen Kriege mit dem Aufeinanderprallen von Streitkräften zu Wasser, zu Land und in der Luft von Konflikten um einzelne Städte abgelöst wurden, mit einer großen Zahl von Todesopfern unter der schutzlosen Zivilbevölkerung und relativ geringen Verlusten in den wehrhaften Armeen. Und auch in diesem Fall spielen die in Trianon unzureichend behandelten Wunden Österreich-Ungarns eine Rolle. Der schmerzhafte Zerfallsprozess Jugoslawiens, an dem der Kosovo mit seiner paradoxen Situation als fester Bestandteil des Bundesstaates mit einer überwiegend albanischen Bevölkerung, das katholische Kroatien und Slowenien, das mehrheitlich von Moslems bewohnte Bosnien und das isolierte Mazedonien beteiligt waren, wurde dem Starrsinn und der Verlogenheit von Slobodan Milošević zur Last gelegt.

Nach schier endlosen Vermittlungsversuchen beschloss die NATO, die Sache selbst in die Hand zu nehmen, und begann mit einer systematischen Bombardierung des Kosovo und in der Folge Jugoslawiens, ohne Ermächtigung seitens der Vereinten Nationen und bar jeder rechtlichen Grundlage. Wie es für die Sieger in Kriegen mittlerweile üblich geworden ist, demonstrierten sie ihre moralische

Überlegenheit über die Besiegten, indem sie Milošević und andere vor ein Gericht brachten, das als das Gewissen der zivilisierten Welt auftritt. Gleich zum Auftakt entlastete Chefanklägerin Carla Del Ponte die NATO in jeder nur erdenklichen Hinsicht bezüglich der mehr als 15 000 Todesopfer unter der Zivilbevölkerung des Kosovo und darüber hinaus in Serbien. Diese Geste ließ die den eigenen Ansprüchen angemessene moralische Haltung vermissen und machte mit einem Schlag die Autorität dieses Tribunals angreifbar. Milošević verteidigt sich mit Engagement und Energie. Der frühere russische Außenminister Jewgeni Primakow hat angeboten, zu seinen Gunsten auszusagen. Das letzte Wort ist noch nicht gesprochen, und die einzige Chance für eine Verurteilung liegt in der Ankündigung der britischen Juristen im Anklageteam von Carla Del Ponte, der Prozess werde mindestens zwei Jahre dauern. Apathie kann eine Verurteilung Miloševićs herbeiführen, sollten es die Fakten und Fotos der Verbrechen auf beiden Seiten allein nicht vermögen.

20. Februar 2002

Die Achse des Vorurteils

Wie der Architekt ganz natürlich das Bauen für wichtig hält, dem Arzt das Leben am Herzen liegt und für den Bestatter der Tod an erster Stelle steht, ist es auch völlig in Ordnung, wenn der Politiker in der Politik den Sinn des Lebens überhaupt erblickt. So drastisch es klingen mag, es ist nun einmal so, dass komplexe, subtile oder paradoxe Situationen unweigerlich auf einfältige Formeln zurechtgestutzt werden, damit sie dem als eher beschränkt vermuteten Begriffsvermögen der Öffentlichkeit als leicht verdauliches Klischee serviert werden können. Nehmen wir ein Beispiel. Auf dem Höhepunkt des Kalten Krieges gefiel es dem in der Western-Ethik geübten Präsidenten Ronald Reagan, die damalige Sowjetunion »das Reich des Bösen« zu nennen. Wohlgemerkt, geschleudert wurde dieses Anathema von der stolzen Stadt Washington aus, jenem Ausbund der Tugend mit ihrem Watergate, ihren *pressure groups* und Amtsenthebungsverfahren. Nun denn, Meinungen muss man respektieren, es sei denn, sie erwiesen sich als schieres Vorurteil.

Nun gibt es Elemente des Bösen in jedem Reich und in jeder Demokratie. Elemente des Bösen liegen ganz einfach in der menschlichen Natur, ja, das Element des Bösen macht diese Natur überhaupt erst menschlich. Aber kann man eine Nation ohne Rücksicht auf ihre Literatur und Kultur, die die Böen und Turbulenzen der Politik überleben, böse nennen? Sind nicht Dostojewski, Tolstoi, Turgenjew, Gogol und Tschechow wundervolle tragische, komische und tragikomische Wahrzeichen des genial und vor allem mitfühlsam beobachteten, wankelmütigen russischen Charakters, in denen sich alle heute Lebenden und Handelnden wiederfinden? Kein Aspekt des Lebens bleibt ihnen verborgen, von den tiefsten Niederungen der Verderbtheit bis hin zur erhebenden Selbstaufopferung biblischer Prägung.

Hat auch nur ein denkender Mensch das Recht, diese Fülle und Vielfalt als Ingredienzien eines Reichs des Bösen zu bezeichnen? Wer dies tut, weist dem flinken Spiel der Politik in den Angelegenheiten der Menschen einen Vorrang zu, der ihm in keiner Weise gebührt. Es ist, als nennte man Amerika »den großen Satan«. Man suche bei Mark Twain, Walt Whitman, Eugene O'Neill, Arthur Miller, Herman Melville nach Spuren ungeschmälerter, von keinem anderen Wesenszug gemilderter Bosheit. Rundum lachhaft.

Tatsache ist doch, dass die Menschen bleiben, wie sie sind, egal welches politische Mäntelchen ihnen gerade umhängt, und niemals sind sie bloße Ingredienzien wie immer gearteter Reiche. Kurz nach Beginn des letzten Jahrhunderts war Russland in ein gewaltiges historisches Ereignis verstrickt, in eine Revolution als Folge eines Abnutzungskrieges. Die Verluste an Menschenleben waren gewaltig. Dem folgten siebzig Jahre Konformität mit dem kommunistischen Dogma. Und wiederum ein uferloser Krieg mit 20 Millionen Toten auf russischer Seite. Die zweite große Revolution ereignete sich, nicht minder epochal als die erste. Doch kein Mensch nahm von ihr Notiz. Weil sie sich nämlich anhörte wie das Öffnen einer Flasche schal gewordenen Champagners. Als sich der Pulverdampf verzogen hatte, trat das russische Volk wieder ins ungewisse Tageslicht, zerzaust, mitgenommen, aber ansonsten so lebendig wie je.

Ein noch schlagenderes Beispiel bietet Spanien, jahrzehntelang ein faschistischer Staat mit allem romanischen Brimborium, darunter einer Militäreinheit, die auf den optimistischen Namen *Legion de la Muerte* hörte. Eine Sittenregel dieses prüden Systems verbot die Zurschaustellung des entblößten männlichen Oberkörpers an Strand und Meer. Die Einhaltung dieser Regeln wurden von der *guardia civil* überwacht, die mit Maschinenpistolen auf Strandpatrouille ging. Doch noch war Franco nicht tot, da fielen unmerklich die Touristen ins Land und erwiesen sich als Macht, die jeder Militärmacht weit überlegen war. Was sollte die arme *guardia civil* machen, wenn sich zweihundert deutsche Touristen in Bikinis und Shorts lustvoll in die Brandung warfen? Also zog sie sich weise auf die Straße zurück und spürte falsch parkende Autos auf.

Das Tempo des spanischen Wiederaufstiegs war dem deutschen Wirtschaftswunder selbst ebenbürtig, das einsetzte, als nach der Zerfetzung in der totalen Niederlage endlich mit dem Marshallplan, jenem visionären Musterbeispiel rascher Aussöhnung, all die nötige Demütigung und Züchtigung einschließlich der Nürnberger Prozesse vorüber war. Die westlichen Teile des gespaltenen Landes erholten sich mit unglaublichem Tempo. Die östlichen Teile brauchten ein bisschen länger, aber als erst die Mauer gefallen war, wurde die Wiedereingliederung vollzogen, mit ein paar Haken zwar, die aber nichts waren im Vergleich zu den vorigen Alpträumen. Ein geschlagenes deutsches Volk betrat wieder die Weltbühne, tief antimilitaristisch, vernünftig und naturverbunden. »Und was ist mit den Neonazis?«, höre ich Voreingenommene fragen. Nun denn, oben schon kamen wir zu dem Schluss, dass es Böses überall gibt und es sogar hilft, das Gute als das erkennbar zu machen, was es ist.

Und jetzt die »Achse des Bösen«! Irak, Iran, Nordkorea. Ziele im derzeitigen Krieg gegen den Terrorismus. Ohne weiteren Aufhebens möchte ich den Unholden, die diesen unterscheidungs- und verantwortungslosen Begriff in die Welt setzten, die zum Glück nicht zu beantwortende Frage stellen: Wie viele der bis heute in diesem Krieg gegen den Terrorismus Getöteten waren gar keine Terroristen?

Juni 2002